为联接世界而生

任正非的商业管理智慧

星野 | 编著

浙江人民出版社

图书在版编目（CIP）数据

为联接世界而生：任正非的商业管理智慧 / 星野编著. —杭州 ：浙江人民出版社，2018.4

ISBN 978-7-213-08463-8

Ⅰ. ①为… Ⅱ. ①星… Ⅲ. ①通信企业-企业管理-经验-深圳 Ⅳ. ①F632.765.3

中国版本图书馆CIP数据核字(2017)第291632号

为联接世界而生：任正非的商业管理智慧

星 野 编著

出版发行 浙江人民出版社(杭州市体育场路347号 邮编 310006)

市场部电话:(0571)85061682 85176516

责任编辑 方 程

责任校对 杨 帆 朱志萍

电脑制版 武汉鑫美图文设计有限公司

印 刷 浙江新华印刷技术有限公司

开 本 710毫米×1000毫米 1/16

印 张 15

字 数 192千字

版 次 2018年4月第1版

印 次 2018年4月第1次印刷

书 号 ISBN 978-7-213-08463-8

定 价 36.00元

前言

提到华为，无人不知。有人说中国如果没有了阿里巴巴，腾讯和京东在电子商务上分分钟可以取而代之；但中国没有了华为，则没有任何一家公司能替代！

华为，是一家世界级的民营通信设备公司，现在全球超过20亿人每天使用华为的通信设备。即使在4G技术领先的欧洲，华为也有过半的市场占有率。华为虽然没有上市，却已成为全球通信产业的龙头。

任正非，华为公司的创始人。他生于贵州一个偏远的山区，父母是乡村中学教师，没有背景没有关系，却创立了大名鼎鼎的华为公司。他于2011年进入福布斯富豪榜，在《财富》2012“中国最具影响力的商界领袖”榜单中位列第一，2013年蝉联第一。2016年，华为已经成为年收入5000多亿元，利润几百亿元，全球员工达百万人，遍布全球150多个国家和地区的跨国企业，成为中国企业走出去的成功典范！

从当初籍籍无名的深圳企业，到如今全球前五大通信设备商之一，从身无分文的农家子弟到身价千亿元的大企业家，任正非是如何获得这般辉煌的成功的呢？

《为联接世界而生：任正非的商业管理智慧》一书将全面透彻地为大家分析任正非的成功之道，我们能从他身上看到很多值得学习、理解和传承的东西。阅读本书，你会更全面透彻地认识、了解任正非，学到其精髓并从中学到很多。

任正非是一个企业家，也是一个思想家。他做企业不以追求利润为目标，他说：华为公司不需要利润最大化，只将利润保持在一个较合理的尺度。

任正非是一个善于调动员工精神的管理者，他说：运筹不在帷幄而在沙场，决胜不在千里而在心里，所有人都要走向前线。

任正非是一个宽容的领导者，他说：在我们公司的创新问题上，一定要强调价值理论，要更多地宽容失败。

任正非是一个有危机意识的企业家，他说：古今兴亡多少事，不废江河万古流，多少公司在繁荣鼎盛时期轰然倒下，鲜花的背后可能是墓志铭。别人的教训，就是我的座右铭。

任正非，清醒、理智，他说：一个没有英雄的公司是一个最好的公司，过去是靠英雄打下这份基业，现在是靠流程、靠平台，不再是靠一个能人。

任正非，睿智，见解独到，他说：企业发展就是要发展一批狼。狼有三大特性：一是敏锐的嗅觉；二是不屈不挠、奋不顾身的进攻精神；三是群体奋斗的意识……

有人评价任正非说：中国历来都不缺乏政治家、企业家，但从来都缺乏真正的商业思想家——在当代中国，任正非算是一个。

正是在任正非的带领下，华为取得了一个又一个的辉煌，美国《时代周刊》说，华为正重复当年思科、爱立信等卓著的全球化大公司的历程，并且正成为这些电信巨头“最危险”的竞争对手。英国《经济学人》则说，“它(华为)的崛起，是外国跨国公司的灾难”。

如果你也想像任正非一样带领自己的企业不断强大，就跟随我们的脚步，去学习学习任正非的成功智慧吧。

目 录

第一章 力出一孔，利出一孔

第二章 在梦想的路上不要掉队

第三章 掌握话语权，才能做强做久

第四章 活下去，永远是硬道理

第五章 保持清醒，成功永远在路上

第六章 管理，是为了作战

第七章 走出混沌，激发组织活力

第八章 有眼光的人有未来

第九章 办企业,就是办人才

第十章 决定生死存亡的是客户

第十一章 脚踏实地,不疾而速

第十二章　身先士卒，做员工的导师和领袖

第十三章　心怀光明，努力前行

附　录

第一章　力出一孔，利出一孔

激发员工的奉献精神

任正非是一个善于调动员工奉献精神的管理者，在2017年的市场工作大会上，他说：运筹不在帷幄而在沙场，决胜不在千里而在心里，所有人都要走向前线。一个企业的发展离不开员工们的共同努力，作为企业领导者，一定要注重挖掘员工的奉献精神，调动他们的工作积极性和主人翁态度，这样才能把企业做强做大。

华为于1991年9月租下了深圳宝安县蚝业村工业大厦三楼，50多名华为人在此开始了充满艰险的创业之路。一层楼分隔为单板、电源、总测、准备四个工段，库房、厨房也设在同一层楼。十几张床挨着墙边一溜排开，床不够，就用泡沫板上加床垫代替。在工段上班，包括开发人员，累了就趴在桌上，或在地上找张泡沫板、纸板，席地而卧，睡一下，醒来接着干，包括公司领导也是这样。整层楼没有空调，只有吊扇，所有人都在高温下作业，经常是汗流浃背；每天加班到很晚，熄灯就睡，四周老化测试的机架，设备上一闪一闪的信号灯，高频电流的振荡声，伴随着枕戈待旦的华为人进入梦乡。

有时睡到半夜，突然来车到货，不论是沉重的蓄电池，还是机柜，华为人都会立即起来，卸完再睡。大多数人以公司为家，领料、焊接、组装、调试、质检、包装、吃饭、上厕所、睡觉都在这一层楼上。除了到外协厂及公司总部外，不少人一连几天都没下过楼，有时候连外面天阴天晴、有没有下雨都不知道。

没有包装工段，也没有搬运及包装临时工，设备测试合格后，临时叫上在场的几个人，不分工人、工段长还是经理，也不分大专、本科还是硕士、博士，大家一起包纸箱，装入木箱再钉上边角铁，然后四五个人一起抬起机柜箱，装车发货。当时华为的员工都开玩笑自称为“乡民”，经理就叫“乡长”。市场部招的新员工，一般都要先到总测工段实习，即先当“乡民”，经过培训后，才派出去。美国有著名的“西点军校”，华为人则自豪地称这里是华为的“西乡军校”。

事实上，翻开中国企业家创业史这浸透着汗水与心血的篇章时，我们就会发现，当今叱咤风云的巨头企业，几乎没有哪一个不是经历了血雨腥风的考验和艰苦卓绝的奋斗才崛起的。当年，联想集团的创始人柳传志为了发展壮大联想，睡车棚、倒彩电、顶风雪、冒严寒，用一腔不灭的激情和伟大的自我牺牲精神铸就了联想成功的丰碑；巨人集团的创始人史玉柱为了研制M-6401汉卡，艰苦钻研150天，凭借20箱方便面和昏天黑地的工作终于将第二代汉卡研制成功……

由此我们可以看出，在企业发展过程中，奉献精神是必不可少的，它可以发挥巨大作用让企业转危为安。现在国内诸多著名企业都在推进企业的文化建设，积极倡导包括奉献精神在内的企业精神，大大提高了企业凝聚力和核心竞争力。

鼓舞激情，让员工保持激活状态

做企业的人都有这样的疑惑：员工工作状态不佳，懒散，提不起精神来做事，这种情况怎么破？思想不经磨炼，就容易钝化。面对这一情况，有的老板想到用物质刺激，提高工资、加强福利；有的进行思想感化，开小灶、谈心等。任正非对员工也有自己的一套管理办法。

在2017年1月市场工作大会上，任正非说：“今天干部改进工作作风八条宣誓，我既感到荣耀，也很感慨。外界社会很浮躁，我们内部小小的地盘能讲实话，不容易。账实相符和账务改进是很优秀的，而且是在多数人因为学历不高，都在12级以下的情况下改进的。我们前两三年已经把阶级分界线切除了，让职业人士和精英专家在同一个垂直方向上开始晋级。华为需要这样的员工,需要这样的精神。”

任正非是一个善于激发员工激情的人。力出一孔,利出一孔,激发员工的激情,让大家劲儿往一处使,企业才会更好地前进。

华为员工张建宁于2000年9月入职华为公司,被分配到无线技术支持部的第一线,从事GMSC35新产品的技术支持工作。从此,现场开局、现场割接支持、远程支持问题处理工作成了他生活的主旋律。2001年7月,实施中国移动GSM目标网全网升级项目,为了组织全网项目实施以及做好远程支持工作,张建宁一个月有近20天在公司加班过夜。就这样,两年时间内,他现场支持了40多个重大工程项目的割接,个人也得以快速成长,积累了扎实的专业知识和丰富经验。2003年,张建宁成为无线产品二线技术支持工程师、国内GSM-NSS产品责任人。2004年10月,由于中国移动软交换长途汇接网公司特级重大项目的需要,张建宁被调入北京分部,作为移动软交换长途汇接网项目的技术总负责。张建宁从一名普通的一线技术员,成长为华为的技术专家。

任正非常挂在嘴边的词汇中有一个是“沉淀”。在他看来,一个组织时间久了,老员工收益不错、地位稳固,人就会渐渐地沉淀下去,成为一团不再运动的固体——拿着高工资、不干活,因此他爱“搞运动”。任正非认为,使企业保持激活状态非常重要。华为走到今天,靠的就是这种奋斗精神和促使内部的一种永远处于激活状态的机制。对组织而言,沉淀层不啻为难以出手的热山芋,管理者面对该问题时左右为难,在辞退成本、组织活力、人情颜面等方面犹豫不决,就不得已采取冷处理,将沉淀层打入“冷宫”,安排闲职,希望这些沉淀层熬不住而主动辞职。和华为其他与众不同的做事风格一样,华为在“沉淀”问题上的做法也是非常有特点的。一方面华为不断通过文化建设、激励机制、危机意识使员工始终处于激活状态,尽可能地减少沉淀的发生,客观上讲华为的沉淀层比例并不大。另一方面,华为公司通过几次大运动较好地解决了沉淀层的退出问题,比如10多年前的市场部集体大辞职,2001年左右的内部创业风潮,直至2008年的7000名员工大辞职，其实都是一脉相承的，每次间隔 5—6 年，每次都是大动作。

爱默生说："一个人，当他全身心地投入自己的工作之中，并取得成绩时，他将是快乐而放松的。但是，如果情况相反，他的生活则平淡无奇，且有可能不得安宁。"

一个对自己的工作充满激情的人，无论在哪里工作，都会认为自己所从事的工作是世界上最神圣、最崇高的一项职业；无论工作的困难多么大，或是标准要求多么高，他都会始终如一、不骄不躁地去完成它。

有激情就能够受到鼓舞，鼓舞又为激情提供了能量。只有当你赋予所做的工作以重要性的时候，激情才会应时而生。即使你的工作不那么充满乐趣，但只要你善于从中寻找意义，也就有了激情。

当一个人对自己的工作充满激情的时候，他便会全身心投入其中。这时候，他的自发性、创造性、专注精神等便会在工作的过程中表现出来。为什么有些人能够发挥出自己最大的潜能，保持自己较高的工作激情呢？

首先，是专心致志的结果。良好的注意稳定性确保了工作的高效率、高质量，使之对工作的意义理解得深刻、抱有积极态度，而且有浓厚的兴趣。

其次，是有一颗平常心。不以成功论英雄，也不想借成功扬美名，这样的平常心态，反而能取得成功。一心想扬名、想挣钱的人，由于目的性太强，行为往往会出问题，要么不协调，要么出偏差；只有把心放在一种平静悠然的状态之中，人的最大潜能才能发挥出来。

共同成长，共存共赢

一个企业的生存发展而言，员工是一个关键因素，所谓水能载舟也能覆舟。任正非发表讲话道：士气在什么时候应该好？如果士气在市场大发展、红红火火的时候才好，艰难困苦时候就不好，那么谁来完成从艰难困苦到大发展的准备？我个人的看法是，越在最艰难、最困苦的时候，越能磨炼人的意志，越能检验人的道德与良知，越能锻炼人和提高人的技能，也越是我们的队伍建设最重要的时候。检验一个公司或部门是否具备良好的企业文化与组织氛围，不是在企业一帆风顺的时候，而是在遇到困难和挫折的时候，古人讲患难知人心，就是这个道理。

任正非说，华为在市场上还存在非常多的困难，但可喜的是华为的研究队伍，一天一天地成熟起来。在21世纪初，华为公司拥有2万多名员工，如果实现内耗小，活力大，那么就有非常强大的竞争实力。

员工，关系着企业的发展和兴衰，作为企业领导者要注重员工的培养和建设，让员工树立起企业主人翁精神，这样才能发展得更强更大。

日本是一个经济强国，但其经济发展有一个致命的软肋：能源。日本的能源完全依赖进口，在20世纪70年代，中东石油输出国实行石油禁运，日本遭受重大损失。1973—1974年，日本通货膨胀率竟然高达25%，经济出现大幅度下滑。

在这场灾难中，日本很多企业停产或破产，企业员工无所事事，很多人不得不暂时回家。那时，日本企业基本上全部实行终身雇佣制，回家等于休假或待岗。

但是，回到家的员工根本没有心思待在家里，他们又陆续回到企业，清理车间，剪除杂草，或者干点别的事情，不管干什么，都比在家里闲着踏实。而且，他们并不是受他人指派才这么干的，而是自发的，不是为了赚钱，而纯粹是出于对企业的忠诚和热爱，他们认为企业出现困难，自己有义务尽力帮助企业。有一位工人在接受记者采访时说，他回到家时，妻子训了他一顿："公司遇到如此大的困难，你怎能安心待在家里呢？"

在遭受经济危机后，这些曾与企业共患难的员工大部分都成了企业日后发展的主力军，得到企业的充分信赖。日本之所以能够成为一个经济强国，之所以能够拥有索尼、松下、本田这些国际知名的大企业，和他们这种与公司共命运的主人翁精神是分不开的。对于每一名员工来说，他和企业就是水手与船的关系。在公司这条船上，每个人都肩负着排除潜在危险的责任。原因显而易见，行驶在惊涛骇浪中的船是那么渺小，任何小事故都可能酿成灾难。一旦员工赖以生存的船只发生危险，那么，船上的每个人都难逃灭顶之灾。在公司中，每个人的岗位都是至关重要的，任何一个地方出了疏漏，都可能导致整个企业“沉船”。作为公司船上的一员，每一名员工都应该努力对自己的工作认真地负起责任，不放过每一个可能在工作中出现的错误。

公司的发展要跟得上时代的要求，否则会被市场的大潮所吞没。同样，个人的进步也要跟得上公司发展的步伐，否则，就将面临离开公司之船的命运。因此，在公司这艘船上，员工应当抱着为自己的未来而工作的态度，将工作看成自己事业的一个契机，和公司一起成长，共生共赢，这样才能和公司一起驶向成功的彼岸。

给敢于尝试的人多一点宽容

作为企业的最高领导者，最不希望看到的就是失败，但做企业又不可能一直一帆风顺，在创新发展的路上总是会遇到问题。对此，任正非说：“在我们公司的创新问题上，一定要强调价值理论，要更多地宽容失败，当然宽容失败也要有具体的评价机制，不是所有的领域都允许大规模地宽容失败，因为你们是高端研究领域，我认为模糊区域更多。有一些区域并不是模糊的，就不允许他们乱来，比如说工程的承包等都是可以清晰量化的，做不好就说明管理能力低。但你们进入的是模糊区域，我们不知道它未来会是什么样子，会做成什么。”

凡是不能具体量化，难以判定未来发展趋势的领域，都可以归为“模糊领域”。任正非允许下属在“模糊领域”出现失败，华为公司引以为傲的轮值CEO制度，最初就是一个“模糊领域”的创新。

大约在2004年，美国顾问公司帮助华为公司设计公司组织结构时，认为华为公司缺乏一个中枢机构，而且公司高层只是空任命，也不运作，因此提出来要在华为公司建立EMT机构，即Executive Management Team，译成中文就是“执行管理团队”。然而，任正非本人并没有担任EMT主席的意愿，轮值主席制度就因此而诞生了。

最初，没有人知道这项制度到底好不好，最终它会带领华为公司走向何方。但任正非坚信“三人行必有我师”的原理，坚持让8位领导轮流掌权，每人半年。经过两个循环，在不断改进的过程中，轮值CEO制度便初步形成了。对于这其中的收获，任正非点评道：“也许是这种无意中的轮值制度，平衡了公司各方面的矛盾，使公司得以均衡成长。轮值的好处是，每个轮值者在一段时间里担负了公司CEO的职责，不仅要处理日常事务，而且要为高层会议准备起草文件，大大地锻炼了他们。同时，他不得不削小他的屁股，否则就得不到别人对他决议的拥护。这样他就将他管辖的部门带入了全局利益的平衡，公司的山头无意中在这几年削平了。经历了8年轮值后，在新董事会选举中，他们多数被选上。我们又开始了在董事会领导下的轮值CEO制度，他们在轮值期间是公司最高的行政首长。他们更多的是着眼公司的战略，着眼制度建设。将日常经营决策的权力进一步下放给各BG、区域，以推动扩张的合理进行。这比将公司的成功系于一人，败也是这一人的制度要好。每个轮值CEO在轮值期间奋力地拉车，牵引公司前进。他走偏了，下一轮的轮值CEO会及时去纠正航向，使大船能早一些拨正船头，避免问题累积过重而得不到解决。”

“宽容失败”也是这一过程中得出的重要体验。华为公司也提议将这种宽容精神融入公司的创新细节之中。在实际的工作过程中，华为公司鼓励那些敢于承担责任的干部不仅要敢于成功，也要不怕失败。任正非认为：“如果不宽容错误，不宽容从泥坑中爬起来的人，那就不是真创新。要宽容失败，不怕失败，敢于探索，我们才有光辉的未来。”而公司也承诺，对那些敢于尝试却失败的干部和员工多一点宽容，唯一的条件就是分清楚失败的原因是主观的还是客观的。

树立清晰的愿景以消除畏惧

任正非在2016年市场年中会议上讲话时说，华为28年“力出一孔、利出一孔”的厚积薄发，资本与劳动的分享机制，集体奋斗的精神是有独特竞争力的。

从当初籍籍无名的深圳企业，到如今全球前五大通信设备商之一，华为用了二十几年的时间，而其中，华为的国际化之路走了近15年。当任正非在1994年提出振聋发聩的十年狂想——“10年之后，世界通信行业三分天下，终有华为一席”时，没有人相信其竟然会有真正实现的那一天。

当年华为的产值在100亿元左右，员工约为8000人。虽然企业规模已经不小，但距离世界领先企业的规模还很远，据说当时大家都友好地笑了起来。而这一天虽然姗姗来迟，但总算在以任正非为领袖的华为人的执着努力下成为现实。小小的华为公司竟提出这样狂妄的口号，大家乍听都觉得可笑，但正因为有这种目标做导向，华为才有今天的成就。事实上，自成立以来，华为与国际行业巨头间的距离正在逐渐缩小。华为的研发经费是88亿元，相当于IBM的1/60；这一年，华为的产值是IBM的1/65；这一年，华为的研发经费是朗讯的3.5%，产值是它的4%。差距虽然很大，但每年都在缩小。在任正非看来，若不树立企业发展的目标并以此为导向，就无法使客户建立起对华为的信赖，也无法使员工树立远大的奋斗目标，发扬脚踏实地的精神。

据中华英才网的总裁张建国回忆，1990年，仍处于草创阶段的华为仅仅20多人，但“任老板很能激发年轻人的激情，经常给我们讲故事，讲未来”，用理想与未来引领年轻人的热忱与投入。回眸华为发展20多年来所经历的风风雨雨，我们很难想象，如果没有任正非对伟大理想与抱负的坚守，华为究竟会发展得怎样。让我们重温任正非的铿锵语言吧——“在这样的时代，一个企业需要有全球性的战略眼光才能发愤图强，一个民族需要汲取全球性的精髓才能繁荣昌盛，一个公司需要建立全球性的商业生态系统才能生生不息，一个员工需要具备四海为家的胸怀和本领才能收获出类拔萃的职业生涯”。当任正非说出这句话时，将要奔赴海外战场的勇士们激动得热泪盈眶，激情满怀。而理想的实现，是用愈挫愈勇的斗志、用屡败屡战的精神促成的。正所谓艰难困苦，玉汝于成。在海外战场，华为人用了整整6年时间，才总算有所突破，并最终获得超过国内市场的销售额。

用愿景指导工作，是一门深邃的管理艺术，同时也是企业不断发展的一种战略方法。成功的企业愿景好比预言，具有唤起员工行动积极性的力量。一般来讲，愿景的言语应该是平实、易懂的，但又必须具有无法抗拒的力量，让每一位员工在做出重要决定和行动时都会自问：“这符合我们的愿景吗？”与此同时，成功的企业愿景必须致力于满足客户的深层次需要，从生存需要、信息需要直到发展需要和情感需要。同时，愿景也必须根植于企业全体员工发自内心的共同愿望。我们可以看一下一些著名跨国公司的美好愿景：

迪士尼乐园——给人们带来快乐；

沃尔玛公司——给普通人提供和富人一样的购物机会；

波音公司——成为全球最大的商用飞机制造商，并把世界带入喷气式飞机的时代；

花旗银行——成为世界上服务最好和最大的世界性金融机构。

企业对于未来的展望和美好愿景决定了企业努力追求和争取的目标。远大目标并不是一成不变的，它往往随着企业经营环境的改变而改变；愿景却可以在一个相当长的时期内保持不变，从而有效地指引人们前行的方向。在日常工作中，面对突如其来的变化，人们的本能反应是畏惧或者逃避，而清晰的企业愿景可以消除团队成员的畏惧和逃避心理，引领团队前行的方向并将企业的未来提升到一个战略高度上来。

第二章 在梦想的路上不要掉队

走自己的路，形成自己的定力

2014年6月5日，包括《人民日报》《参考消息》《中国青年报》《21世纪经济报道》《第一财经日报》在内的多家知名报纸，纷纷刊登华为公司的一则广告。广告构图非常简单，左侧放置了一张照片，图中人物是2014年4月红遍网络的“扫地僧”李小文院士，图片下方有一行关于李小文的简要介绍：李小文，中国科学院院士，北京师范大学地理学与遥感科学学院名誉院长，地理学与遥感科学学院教授、博士生导师。图片右侧则是两行非常醒目的红色字：华为坚持什么精神？就是真心向李小文学习。

李小文是我国遥感领域泰斗级人物，其“高深莫测、仙风道骨、不拘小节”的形象——蓄着胡子，身着黑衣，脚穿黑布鞋，不穿袜子，低头念稿的小老头——早已随着4月的那张照片深入人心。李小文曾经说过一句话：“就像科研一样，你要看到对的方向，现在觉得当时的放弃是对的。”任正非也不止一次地表示，华为应该要形成自己的定力，要走自己的路，要发扬“乌龟精神”，要继续“自我批判”。通过26年的努力，华为取得了巨大的成绩，2013年，华为研发投入高达307亿元，华为的产品已经覆盖全球170多个国家和地区，服务全球30多亿人口。在肯定这一成就的同时，任正非也希望所有华为人不要骄傲，因为这个时代到处都在宣讲成功，到处都在宣讲“速成战略”，到处都在做“数据工程”，容易让人忽略“脚踏实地，不疾而速”的道理。

过去的华为是低调的，基本上不在媒体上做广告。任正非历来低调，过去20多年基本上没有接受任何媒体的采访，网上大量流传的任正非内部讲话似乎成了外界了解华为的唯一途径。华为为什么在这个时候“打破传统”，借助李小文的形象高调对外？原来，任正非认为，在日益浮躁的大环境下，所有华为人都应该向李小文学习，“做个广告也是给员工看的，目的是希望华为人能够继续踏踏实实地做事,坚持艰苦奋斗的精神”。而任正非一改往日用内部讲话传递信息的形式,选择高调地“广而告之”,其实也是一种与时俱进的做法。对于其中的难处,任正非也毫不避讳:“其实我们很多员工都不听我们的,包括高级干部,他们常常不看公司的文件夹,而是从互联网上汲取能量。”由此可见,互联网时代带来的信息开放也给企业的管理带来了新的挑战,如何沉着冷静地应对突变的时代背景成了所有公司要认真思考的关键问题。

唯有艰苦奋斗才能应变,才能捕获未来的希望。任正非认为,未来10—20年一定会爆发一场技术革命,社会也将从硅时代跃进到石墨时代,社会也会因此而需要一批全新的人才,他们的未来来自今天的艰苦奋斗。“今天的孩子就是20年以后的博士、准博士,他们担负起祖国为世界作出贡献的能量。当然他们也可能会是工人、技师、职业经理人……打好了社会基础,使得中国社会能持续前进,几十年后,中国梦就可能实现。”

任正非还希望,当下的年轻人应该要简单一些,阿甘就是一个很好的例子,企业在培养人才时也要考虑往这个方面倾斜。“别人说你要好好向雷锋学习才有希望,他就向雷锋学习了,当了班长。然后还要学,就变成排长,才有机会做连长、营长。做到旅长、军长后,他就能把社会的负能量变成正能量。”任正非认为,现在有不少人天天在网上找负能量,结果是消耗了自己,成全了“阿甘”。当然,企业管理者也应该从自身的角度反思,现有的人才机制是否能够让员工安心地像乌龟一样踏实前行。

用平和的心态面对未来

一个企业要发展,领导与员工之间,员工与员工之间适当的理解、相互的忍让是必需的。用平和的心态去面对未来,不断奋斗不断进取,才可能找到自己的机会。2000年1月14日下午,任正非与华为内部部分思想上有疙瘩的成员进行了座谈，他们多半因为遭受挫折或考验而“身处逆境”，工作效能大大降低，有的因为作出了成绩却没被领导赏识，有的因为个人的能力没有得到重用，有的因为在绩效评定中遭受了不公正的待遇……为此，任正非对这些心存顾虑的华为人进行了开导：

“人生受点磨难，经历点逆境有什么关系呢？历史上有多少名人都是这样。”

“人生哪有那么顺利？我们总喜欢设计自己的人生：今天这样，明天、后天这样……所以你们不要把人生之路看得太顺利了，太顺利了你们反而容易栽跟头。卢刚就是一个最典型的教训，他在美国是留学博士，在美国开枪杀人，在国内也有这种状况，一同学习的人，论文不如人家写得好，就想搞人家一下，这种事情在我们这里也是存在的。”

“人要受得了委屈，特别是做了好事都还要受得了委屈。刚才我听你们讲了很多话，你们本身也没做什么好事，所以受了委屈。假如做了好事，人家不评价我，我回家自己写一篇文章表扬自己，贴在墙上，字写大一点，每天看，我自己做了好事，心里高兴，有什么不好？为什么一定要别人知道？所以做了好事受委屈要受得起，更何况你们还没有做好事，不过就是不敢提意见。我认为你们都不是十全十美的，怎么去要求别人十全十美呢？所以我说受一点委屈对人生没有害处的，我讲这句话希望与大家共勉。我自己一生走过的路也不平坦，我自己对这些事情都有很多的感受。”

其实，任正非强调的就是“适者生存”的道理，并且希望华为公司上至管理者，下至基层奋斗者都要懂得这一道理。3年之后的5月25日，任正非在华为公司干部管理培训班上发表了题为《在理性与平实中存活》的讲话，对干部强调了同样的问题：“牢骚太盛防肠断，风物长宜放眼量。”中高层干部要经受得住磨难与委屈的考验。磨难是种财富，逆境中最能产生将军。没有挫折，一帆风顺反而是成长不起来的。因此，所有华为的干部在成长过程中都必须接受磨难与委屈的洗礼。

对于各种考验，要心怀崇高的使命感与责任意识去对待，不可浮躁抱怨，要耐得寂寞，受得委屈，懂得灰色。对于降职调整中的干部，任正非鼓励道："我们要求降职的干部，要调整好心态，正确地反思，在新的工作岗位上振作起来，不要自怨自艾，也不要牢骚满腹。在什么地方跌倒就在什么地方爬起来。特别是那些受委屈而降职的干部，无怨无悔地继续努力，以实际行动来证明自己。"

任何时候，都要拥有必胜的信心

2017年1月的市场大会上，任正非说：世界上肯定会有不同意见，我们一定要有战略自信。自信，不管是对一个人，还是对一个企业，都是十分重要的，自信才能胜利，自信才能强大。"从来就没有什么救世主，也没有神仙皇帝，中国要富强，必须靠自己。我们从事的事业，是为了祖国的利益、人民的利益、民族的利益。相信我们的事业一定会胜利，一定能胜利。"

任正非曾着重表扬过一名叫做毛生江的华为员工。他认为毛生江在经历了艰难的挫折和打击后并没有一蹶不振，而是释放出了自己全部的能量，取得了非凡的成就，值得全体华为人学习。

毛生江进华为公司后做产品开发，不久便担任华为拳头产品08机的开发项目经理，参与了第一台08机的开发。1994年，华为市场部集体大辞职，华为干部能上能下、打造职业管理队伍和制度化让贤的序幕被拉开。辞职意味着可能降职、降薪、地位更换，意味着离开自己熟悉的岗位从头做起，从头学起，也意味着被淘汰出局的可能，那是一种脱胎换骨般的新生阵痛。毛生江和其他许多人一样，也经历了这场阵痛。

随后，毛生江别妻离子，全身心投入了山东市场的开拓。山东是华为的传统市场，市场容量及潜力都十分可观。然而，由于通信市场的竞争日趋残酷，特别是个别厂家进行低价倾销，华为在山东市场上的推进缓慢。如何变被动为主动，将团队塑造成一个进退有形、富有战斗力的集体？如何营造出团结进取的组织氛围？毛生江一到山东代表处便在脑子里筹划这些紧要的事。他知道，一个强有力的团队必然能克服眼前的重重困难。他通过多次召开民主生活会，引导大家开展自我批评，改进不足，又针对具体项目，进行项目分析会和定期的工作例会，并按需组织培训，坚持不懈地推行新员工思想导师制。

山东一线员工在毛生江的带领下，面对一个又一个困难，承受着一次又一次被磨砺的痛苦。1999 年，山东代表处实现市场格局均衡化，取得了骄人的业绩：销售目标比 1998 年增长 50%，总销售额达 93 亿元，回款接近 90%。2000 年 1 月 18 日，毛生江被任命为公司执行副总裁。

危难中，企业要看到光明和希望，要有必胜的信心和豪情，只有这样，才能“下定决心、不怕牺牲、排除万难、争取胜利”。这种必胜的精神，与其说是一种信念，不如说是一种狼性，一种不畏强敌的自信！

在面临困境、危机四伏的紧要关头，企业一定要克服畏敌情绪，拥有必胜的信心，这才是战略决策的关键。一个没有信心的企业是无法在竞争中取胜的，因此，在遇到问题时，企业管理者一定要正确、客观、公正地估量竞争对手的实力，切不可“长别人志气，灭自己威风”，更不能盲目自卑、不战而退，要用必胜的信念为成功杀出一条血路。

不仅仅是企业管理，在短兵相接的战场上，必胜的信念几乎是将领们生命的喉咙，它直接关系到战争的胜败。回顾历史上那些著名的以少胜多、以弱胜强的战役，无一不闪烁着将领们智慧的火花和豪迈的战斗激情。斯巴达用 300 名勇士的鲜血创造了“温泉关战役”以少胜多的奇迹，虽然付出了全军覆没的惨重代价，却为波希战争赢得了宝贵的时间，使得希腊军队唱响了凯旋的赞歌。这样的奇迹，没有信念的支撑是无论如何也创造不出来的。

信念就是有着这样的力量，它能够使处于逆境中的团队发挥出超常能量，反败为胜，也能够让企业在看似穷途末路的时候杀出重围，走进一片柳暗花明的新天地。

自满是危机的开始

千古兴亡多少事，不尽长江滚滚流。任正非曾说，在任何荣耀与失败面前，都要平静得像一湖水。这也是任正非所认为的、华为人对于华为现今所取得的成就应有的态度的概括。华为已经取得了为世人所瞩目的成就，对此华为人可以感到骄傲和自豪，但满足于现有的成绩、沾沾自喜，不能把眼光放在更远的地方，企业的发展势必会停步甚至后退。

沾沾自喜是很多中小企业都会遇到的问题。中小企业取得一定成就后，很容易得到舆论和媒体的关注，人们知晓中小企业获取成功的不易，于是不吝褒奖之词。在一片夸赞声中，很多中小企业就此安于现状，失去了艰苦奋斗、拼搏进取的信念。华为此时正是舆论关注的焦点，在赞扬声中保持华为传统的艰苦奋斗精神，不自我满足，是华为继续发展下去的关键。

此外，中小企业多是什么赚钱就做什么，东方不亮西方亮，这行不赚钱马上改行，依靠船小好调头、机动灵活而获取利润。但随着企业越做越大，还像这样以投机的心态做企业，必将面临企业发展的瓶颈，没有长期战略规划，企业必然无法做大做强。而着眼长远，就要做出痛苦的选择，割舍一些眼前的利益，放弃一些机会，这对于靠机会起家的中小企业来说无疑是很痛苦的；但没有宏图大志，长远规划，小企业将永远在小企业阵营中徘徊。华为已经成长为国际性的大企业，不能为眼前的小成就所满足，而是应该有更加长远的目标，这是任正非所要传达给员工的思想。

自满往往是企业危机的开始，因此管理者要时刻具备忧患意识。

1999 年，陈天桥靠他借来的 50 万元开始了创业之路。2005 年，32 岁的他成为华人首富。短短 6 年间，他一手创建的盛大网络资产已逾百亿元，并成为中国最大的互联网企业和世界最大的网络游戏公司之一。2008 年第三季度财报显示，盛大实现了第十一个季度的稳健增长，而且超出行业第二名1.4倍。

盛大能够取得如此巨大的成功，忧患意识是其利器之一。在外人看来，盛大似乎有花不完的钱，它的财务状况足够健康。按照陈天桥的描述，盛大没有银行贷款，没有应收账款，每天的现金收入超百万元，但陈天桥的心里一直都认同比尔·盖茨的那句话："微软距离倒闭永远只有14天。"微软帝国尚且如此，何况他的盛大呢！

陈天桥曾说："在2001年之前，盛大每天都可能死去；在2002年，盛大每个月都可能死去；在2003年，盛大每个季度都可能死去。"在盛大的发展过程中，陈天桥说自己每一年里都承担了别人十年的风险。遭遇过与合作伙伴对簿公堂，遭遇过投资方突然撤资，遭遇过黑客的大规模袭击，也遭遇过竞争对手"举报"所谓的偷漏税……政策、业务、技术风险，盛大始终觉得自己"危机重重"。

"人无远虑，必有近忧"。陈天桥始终是直面现实又憧憬梦想的清醒者，忧患意识是他的一支清醒剂。新的技术每天以加速度变化着，盛大每天在追求机遇的过程中也都面临着新的危机，同时又在不断解决危机中抓住新的机遇。这就是盛大的旺盛生命力的体现。

所谓高人，往往是比常人多看到两三步，多做了两三手准备而已。正如陈天桥所说，变是常态，不变是非常态。在陈天桥看来，一家企业如果不能在快速竞争的市场中，始终保持小步快跑的速度，就会被市场所淘汰。也正是这样的危机意识，促使陈天桥带领盛大一次次跨越死亡线，成为国内最大的游戏运营商、最受人尊敬的IT企业。

第三章　掌握话语权，才能做强做久

不学习，就会裹足不前

业精于勤，行成于思。一个国家要想立足于世界之林，就必须了解世界，向他国学习，取长补短。历史证明，夜郎自大、闭关自守的国家只会裹足不前，离现代化越来越远。同样，一个企业要想走向国际化，就应该有国际化的眼光，就必须充分向其他先进国家学习。一开始就立志走向世界的华为公司，打破了"不是东风压倒西风，就是西风压倒东风"的阶级对立观念，专注学习先进技术，不问主义与立场。为此，任正非经常参观考察美国、日本等先进国家的著名公司。在他看来，华为要学习日本人民勤劳的精神，德国人民的敬业精神，美国人民的创新精神。

正是基于这样的考虑，华为要求对员工进行严格的培训，提高员工的专业素质和水平。员工只有经过了严格的培训，才能冷静和果断地处理突发事件。

企业必须与社会、社区的大环境长久共存，当这个环境中的所有成员，包括顾客、企业老板和雇员，都在追求高质量、追求改进、追求卓越的时候，任何企业都不会被孤立在外。任正非曾经拿华为和西门子等国际大公司作比较，他说，华为有优秀的营运商，比西门子的营运商还多，但是为何华为的销售额仍远远比不上西门子呢？原因就是西门子的产品具有很好的继承性。很多运营商，尤其是固网的运营商始终面临着来自资本市场的压力，必须降低资本开支。对运营商来说，产品的购买成本包括资本支出和运营支出两个部分，资本支出含硬件、软件和服务，主要指一次性的费用，运营支出则主要指后期运作费用。华为不能只是着眼于控制和降低硬件产品的价格，同时也需要降低整体解决方案的价格，包括软件、服务以及其他的相关支出。因此，华为要在国际上树立自己的品牌，必须拥有可继承性、可扩充性的产品，也就是说，所有产品都要严格按照一定的规范开发，运营商购买后只需要进行升级就可以了，不用将整套设备全部替换。

实践论是马克思主义唯物史观的一大创新，马克思主义认为，只有人们的社会实践，才是人们对于外界认识的真理性的标准。1978 年，邓小平进一步肯定“实践是检验真理的唯一标准”的观点，丰富了马克思主义实践论。

华为是这个理论的坚决执行者。任正非曾说过，华为不是以学历、资历定待遇和报酬的，而是以能力和贡献来定待遇和报酬。而能力和贡献又是通过实践来检验的，华为希望每个人都要有实干精神。

曾于华为任职的杨玉岗博士在《板凳要坐十年冷》一文中写道：“在 1997 年的毕业典礼上，清华的王大中校长告诫各位学子：‘虽然你们取得了博士学位，但是你们今后学习的道路还很长，学习、学习、再学习，应该伴随你们的一生，这样，你们才能不断进步。’带着校长的嘱托，牢记清华‘自强不息，厚德载物’的校训，我在华为——人生第二学堂实践中体会了‘不断学习，不断实践，自我批判，不断改进与完善’的意义。”

杨玉岗的亲身经历证明，从实践中来到实践中去，培养实干精神是华为人成才的必经之路。

未来最有希望的企业是学习型企业，而企业生存发展的关键在于每个人。读书成就员工和企业未来，深入开展全员读书活动，创建学习型企业、培育知识型员工、帮助员工建立起人生基本知识体系和职业生涯基本专业知识体系，则是加强三基工作的重要途径。

我们应该大力提倡全员学习、终身学习，鼓励职工不断学习业务知识，提高自身素质，把学习当做提升企业价值和职工自身价值的重要途径。

传统意义上的学习是一种以增长知识和获取信息为目的的学习；而学习型组织所倡导的学习则是以解决问题为目的的学习，是通过开放的思维使人们获得一种行动能力的学习。学习不是单纯地获取知识和信息，而是转化为实践的能力。从这个意义上讲，才可以把这种学习概括为“学习力”。换言之，学习力就是指获取知识和解决问题的能力。实践中，应当注意把学习与工作结合起来，把“充电”与“放电”结合起来。学习和工作不可分割，学习的动力和目的是能够更好地工作，通过学习可以在工作中发现问题、分析问题、解决问题，工作则是提高学习和检验学习成果的过程。

博学而约取，厚积而薄发。我们都要树立主动学习、超前学习、终身学习的理念，把学习作为一种精神追求、一种生活态度、一种工作责任。企业要大兴学习之风，健全学习制度，制订培训计划，落实学习任务；员工要拓宽知识领域，改善知识结构，全面提高综合素质，争做学习型员工。企业和员工都要努力将学习成果转化为谋划工作的思路、促进工作的措施、开展工作的本领。

企业要求员工像大海一样把自己放在最低点来吸纳百川。海尔集团首席执行官张瑞敏说：“我们主张产品零库存，同样主张成功零库存。只有把成功忘掉，才能面对新的挑战。”海尔的年销售额达数百亿元，但张瑞敏从未有一丝松懈，相反，他时时处处向员工灌输危机意识，要求大家面对成功始终保持如履薄冰的谨慎。

艰苦奋斗，走下去的关键

艰苦奋斗是中华民族的优良传统，它对于一个国家很重要，对于一个企业也很重要。任正非就非常注重企业内部的艰苦奋斗精神。任正非说：我们会不断地改善物质条件，但是艰苦奋斗的工作作风不可忘记，忘记过去就意味着背叛。我们永远强调在思想上艰苦奋斗。思想上艰苦奋斗与身体上艰苦奋斗的不同点在于：思想上艰苦奋斗是勤于动脑，身体上艰苦奋斗只是手脚勤快。我们要提拔重用那些认同我们的价值观，又能产生效益的干部；我们要劝退那些不认同我们的价值观，又不能创造效益的人，除非他们迅速转变。我们坚定不移地反对富裕起来以后的道德滑坡、庸俗的贪婪与腐败，不管他职务高低。

1995 年，华为自主研制的C&C08 数字程控交换机在经过两年的研发、实验和市场推广之后，终于在中国市场上赢得规模商用。华为的 08 机与巨龙的 04 机一起，成为中国广大农村通信市场的主流设备。华为人为此欢欣鼓舞，对公司的发展前景满怀信心，而任正非则清醒地意识到：由于全世界厂家都寄希望于中国这块当前世界最大、发展最快的市场而拼死争夺，形成了中外产品撞车，市场严重过剩的情况，造成巨大危机。大家拼命削价，进行恶性竞争，由于外国厂家有着巨大的经济实力，已占领了大部分中国市场，如果中国厂家仍然维持现在的分散经营，将会困难重重。1996 年，华为全年完成销售额 26 亿元，经过 8 年奋战，华为正式进入企业的顺利发展阶段。而此时，任正非却尖锐地提出，面对成功，华为人必须有一种清醒的认识，否则成功带来的将不是企业的繁荣，而是令人措手不及的危机。

近年来，在物质条件比较丰富以后，一些人的道德观开始滑坡，任正非希望华为人能够抵御各种诱惑，保持良好的道德品格和高尚情操。

任正非反复强调，华为的成功是一代又一代的华为人通过艰苦奋斗换来的，很多人为此牺牲了休息，牺牲了亲情，甚至牺牲了健康。就是因为成功来之不易，所以任正非反复强调华为人要发扬艰苦奋斗的精神，反对任何腐化堕落的行为，甚至不允许开展会消磨意志的不健康的娱乐活动。

艰苦奋斗才能活下去、发展下去，对于企业和员工来说都是如此。然而坚持和弘扬艰苦奋斗必须正确理解艰苦奋斗的内涵。长期以来，不少人对艰苦奋斗存在一些误解，一提艰苦奋斗，就与吃野菜、穿草鞋、睡草铺等苦行僧式的生活方式联系起来，甚至等同起来。这种对艰苦奋斗的肤浅而片面的理解和认识使不少人错误地认为，当前生活富裕了，创业时也就没有必要再提倡艰苦奋斗精神了。

从工作角度讲，艰苦奋斗是一种不畏艰苦、脚踏实地、奋发向上、锐意进取、开拓创新、与时俱进、勇于拼搏的工作作风，这是中华民族的优良传统。从思想角度讲，艰苦奋斗是一种生活态度和思想境界，是一种反对奢华浪费，追求顺应自然、崇尚俭朴、与大自然和谐共处的生活理念。从意识角度讲，艰苦奋斗是一种居安思危的忧患意识，一种精神，一种价值观，它与拜金主义、享乐主义是对立的。

虽然艰苦奋斗在不同时代有不同的表现形式，但艰苦奋斗的内容和本质不会改变。就像提倡学雷锋一样，不是专指学雷锋同志生前所做的哪一件或几件好事，而是要学习雷锋同志那种团结友善、乐于助人、甘于奉献的精神。追求良好舒适的物质精神生活是人类的天性或本能，没有必要去限制和扼杀，依照现在的社会条件，“艰苦奋斗”这一词很难再是曾经的“艰苦奋斗”了，但当今社会的年轻人，仍然需要通过这种精神来磨炼自己的意志。

也许我们这个时代的年轻人创业已经不需要像老一辈创业者一样睡草垫、肩挑手扛，但创业不可避免地会遇到各种挫折和苦难，这时，艰苦奋斗的精神就是支撑我们走下去的关键。

培养企业文化才会生生不息

资源是会枯竭的，唯有文化才会生生不息。一个公司可以一无所有，但只要靠知识、技术，靠管理，就能在人的头脑中挖掘出财富。在华为的企业文化中，很重要的一点就是负责任的精神。

在华为绝大多数新员工都是刚刚毕业的大学生，有本科生、硕士以及博士，而他们中大多数都没有工作经历，只有理论知识。进入社会之后，他们成了承担责任和义务的载体，首先要对自己的言行负责；要对自己的家人、父母和社会负责；进入公司以后，要遵守公司的规章制度和纪律，要努力完成工作，没有那么多的自由和多余时间，也没有那么多兴趣相投的玩伴。同时，任正非强调“凭责任定待遇”也是对新员工的一种激励。员工对自己的待遇都很关注，当公司明确了按责任定待遇的规则之后，员工就会加倍认真负责地对待自己的工作、自己的岗位。

企业文化应该是包括企业的核心理念、经营哲学、管理方式、用人机制、行为准则、企业氛围的总和，是一个综合体。在员工层体现的是企业士气，在管理层体现的是企业管理理念和企业家精神，是企业凝聚力和活力的源泉。

企业文化的力量是巨大的，这种"软力量"主要体现在以下四个基本功能上：

1.导向功能：旗帜鲜明地崇尚某种价值观，反对某种价值观，坚定地把员工的思想和行为引导到企业的发展方向上和要求上来。

2.凝集功能：使员工产生对企业的归属感和共同体意识。

3.激励功能：企业文化是企业活力的加速器。

4.约束功能：形成舆论压力、理智压力和感情压力。

那么，企业应该从哪些方面着手建立企业文化呢？以下几种方法可供企业管理者参考：

1.晨会、夕会、总结会。就是在每天上班前和下班前用若干时间宣讲公司的价值观念。总结会是月度、季度、年度部门和全公司的例会，这些会议应该固定下来，成为公司的制度及公司企业文化的一部分。

2.思想小结。就是定期让员工按照企业文化的内容对照自己的行为，进行自我评判，如是否做到了企业要求，若有不足如何改进。

3.树立先进典型。给员工树立一种形象化的行为标准和观念标志，通过典型，员工可形象具体地明白"何为工作积极""何为工作主动""何为敬业精神""何为成本观念""何为效率高"，从而提升员工的行为。

4.外出参观学习。外出参观学习也是建设企业文化的好方法，通过参观学习，使员工努力改进工作向他人学习。

5.开展互评活动。员工对照企业文化要求评价同事工作状态，也评价自己，通过互评运动，改正缺点，发扬优点，以达到工作状态的优化。

6. 领导人的榜样作用。在企业文化形成的过程中领导人的榜样作用有很大的影响。

7.创办企业报刊。这是企业文化建设的重要组成部分，也是宣传企业文化的重要载体，是向企业内部及外部所有相关公众和顾客宣传企业的窗口。

以上所列只是建设企业文化的一部分内容，建立企业文化要从各个环节着手，将各项工作执行过程中的指导思想提炼出来，以不断加强企业文化建设。

学习“山寨”精神，顺着别人的路走

后来人比先行者更优秀，在于后来人是踏着先行者探索的足迹前进，更容易成功。

任正非是一个无私的人。华为的发展如此迅猛，与他的无私关系极大。正因这种大智慧，华为得以吸引众多优秀人才，得以为他们提供优异的学习与工作条件，并在收入方面大力倾斜于有突出贡献的人员，从而令华为的创新能力有了基本的保证，市场开发有了重要的人才基础。如果曾经有人认为民营企业家有所谓的“原罪”，那么至少在任正非这里，是不存在原罪问题的。他是具有理想色彩的、具有战略高度的企业家。

除了共享发展成果，任正非还很重视员工们对于发展思维的共享。《华为基本法》的推出过程，其实就是任正非将自己的经营理念和价值观传递给华为管理层的过程。正是这种共享精神，共同提高的精神，令华为能够与时俱进，共创辉煌。

华为有很多做法是非常有效的，任正非信奉的就是实用主义。国外的好东西统统拿来，他就是模仿、学习，在这个基础上创新。这种模式对于他去追赶和超越别人是一种最好的方式。模仿也是学习，对于学习者或企业来说，模仿是避免企业多走路、走弯路的捷径。没有模仿就没有创新，不懂模仿就不懂创新。从某种角度可以说创新就是一定程度的模仿。对于企业来说，模仿相对安全一些，因为模仿是顺着别人成功的路走的，遭遇阻力与失败的风险较小。创新这个词说起来简单，但是实际操作起来却需要付出极大的代价，需要承担巨大的科研经费和有可能失败的危险；模仿则可以让我们的企业站得更稳、走得更快。

很多国内汽车企业都是从模仿别人的车型开始起步的，虽然一路上磕磕碰碰，甚至有不少的官司和知识产权方面的纠纷，但随着销量的增大，我们欣喜地看到这些民族品牌开始逐渐变强大了，而且逐渐加大在汽车产业研究和开发方面的投入，开始有一些自己的专利技术。

我国企业发展慢了别人不只半拍，现在全国都在讲企业转型，但是在创新和发展之间的确存在着一个巨大的断层，这个断层需要模仿来衔接。尤其是在企业资本及技术积累的初级阶段，学习“山寨”精神以模仿起步，发挥草根企业敢想敢做的创新精神，准确把握消费者需求，采取准、快、狠的市场策略迅速突围，站在巨人的肩膀上进行超越，从而进一步走上自主品牌之路，这是从中国制造走向中国创造的一条相对可靠的路。

第四章 活下去，永远是硬道理

没有扎实基础的企业飞不起来

随着互联网发展的日益深入，因互联网而生的“颠覆式发展”越来越受到人们的追捧。与此同时，“互联网精神”也快速跻身行业热词之列。面对全球的互联网热潮，任正非认为，华为不要去炒作互联网精神，应踏踏实实地去夯实基础平台，让端到端的实施过程透明化。任正非说互联网对企业发展有巨大推动作用，但同时也应看到互联网精神背后的异化与浮夸。这究竟是老者的保守，还是智者的灼见？对此，任正非不予置评，而是继续投身于华为公司，强调不炒作互联网精神。

从20世纪80年代末期到21世纪，华为的发展历程让任正非悟出了一个道理：外部环境只是企业生存发展的土壤，真正要有所作为，关键还在企业自身，即企业的平台建设。任正非指出：“在同样的客观环境下，企业的发展也是不平衡的。一些靠国家政策取得较好的生存条件的企业，在发展道路上也遇到来自企业内部的重重阻碍，而华为作为民营高科技企业，能够在行业政策并不完全有利于我们的情况下，以势不可当的发展速度走到今天，真正起作用的还是我们的内部机制。”

任正非坚定地认为，企业不会因为被贴上“互联网”标签就变得与众不同，没有扎实基础的企业在时代的风口仍旧飞不起来。相比将自己的企业标榜为“互联网企业”的贴签行为，扎扎实实地打造基础平台明显要难得多。基础平台的建设一定是辛苦的。任正非指出：“一年之计在于春，希望你们在春天播的是好种子，发的是好芽，秋天能给我们收获。若是你们在秋天收不到粮食，我们一定是要饿死的。”

具体来说，夯实平台有很多个方面。任正非就华为目前夯实平台的状况分析了几点问题。

第一，只要有利于企业整体发展，能够赚钱，各自独立运作未尝不可。

华为荣耀系列上市后，很多内部人员担心荣耀与华为其他产品有冲突，会打破电商和公开渠道之间的平衡。任正非对此有不同的看法："我认为只要有利于发展，各自也可以考虑独立运作，目的是要能赚钱。你们看重过程，但我看重的是结果，从结果来选拔干部。高端手机若以技术为导向，赚不了钱，那你们的高端是没有价值的，过不了3个月，高端就成低端了。如果只是战略MKTG投入来试探着科研，我们不反对，但是你们若要做成一个产品，需要别的业务来补贴，我认为有必要在策略上好好分析。"

第二，拼价格的唯一结果就是拖垮公司。任正非极度反对以低廉的价格拼市场的做法，他强调："你们说现在中国做手机的小厂家有几百家，价格非常低，你们就想把最好的手机在一个比较适当的价格范围内做好。若按你们这个原则，爱马仕早就垮了，但现在垮掉的是小厂家。"为了进一步说明廉价战略对企业稳定运作的危害性，任正非打了个比方："在座有谁愿意去磨豆腐？今年允许你在公司里搭个棚，只要质量好，我还可以动员员工买一点，0.025元一斤，你看看卖豆腐的那点钱能否支撑现在的人力资源架构？"

第三，平台构建一定是有理论、成系统的，公司要从工程师创新走向科学家与工程师一同创新。只有投入未来的科学研究，构建未来10年、20年的理论基础，企业才有赚取超额利润的可能，而且只有已经踏上这条通向未来大道的企业，才敢底气十足地涨工资。

第四，互联网只是载体，它给不了方向。任正非认为，华为有线网的改革就是模块化的开发，拼组集成后，形成新产品，这样它的能力很快提升，测试速度很快，那么这个变革就是成功的；无线产品的变革就是基础平台要做"万里长城"，板凳要坐十年冷；应用平台做"雪豹突击队"，敢冲敢闯，那么无线也就成功了。不管是哪个部门，都应该为自己的产品找到成功的作战方向，而不是一味地"互联网发烧"。

第五，任正非也强调，互联网思维本身并不浮躁。就华为而言，华为也要通过互联网思维来进一步调整好自己内部的电子平台结构。华为目前在平台管理方面，与爱立信仍旧有一定差距。爱立信管理10000人，而华为是30000人。多出20000人,就意味着多了30亿美元的消耗。任正非眼下考虑的是,如果华为能够借助互联网思维,改进平台的管理技术,将多出来的20000人派出去上战场,去为改善客户服务挥洒汗水,那么华为的效益就登上了一个新的台阶。任正非指出,华为的改革就是坚持端到端。互联网时代被认为是网络公司,其实是一种误解,因为真正的互联网时代是网络支持和工具改变了实业。任正非还想强调的是,华为并没有对社会上的互联网思维进行批判,只是针对华为内部的浮躁情绪就事论事,仅此而已。

把均衡发展放在第一条

一个企业,怎样才能活下来?任正非直言:"不能靠没完没了的加班,一定要改进我们的管理。在管理改进中,一定要强调改进我们木板最短的那一块。各部门、各科室、各流程主要领导都要抓薄弱环节,要坚持均衡发展,不断地强化以流程型和时效型为主导的管理体系的建设,在符合公司整体核心竞争力提升的条件下,不断优化员工的工作,提高贡献率。"

任正非多年来的经营管理思想可归结为两个字——均衡。自2001年起,在任正非总结的华为"十大管理要点"中,不管内外部环境发生了怎样的变化,"坚持均衡发展"始终放在第一条。任正非的经营管理思想的核心就是均衡,均衡是其最高的经营管理哲学。他认为,介于黑与白之间的灰度,是十分难掌握的,这就是领导与导师的水平。

"继续坚持均衡的发展思想,推进各项工作的改革和改良。均衡就是生产力的最有效形态,通过持之以恒的改进,不断地增强组织活力,提高企业的整体竞争力,以及不断地提高人均效率",这是华为长期坚守的核心价值观。而为了实现均衡的目标,抓住并修补企业管理优化过程中的短板则是重中之重。

华为20多年的成长与发展之路,是建立在动态地实现功与利、经营与管理的均衡基础之上的，通过持续不断地改进、改良与改善，华为不断强化与提升经营管理能力，进而使企业走上了一条良性发展之路。华为的成功，也再次以中国式的案例说明，均衡的管理是企业真正的核心竞争力。

一只水桶想盛满水，必须每块木板都一样平齐且无破损，如果这只桶的木板中有一块不齐或者某块木板下面有破洞，这只桶就无法盛满水。也就是说，一只水桶能盛多少水，并不取决于最长的那块木板，而是取决于最短的那块木板。

正如短板效应所说的，一个企业只有在原料、员工、生产、销售、物流等环节的配合之下才能形成完美的产业链，发挥出核心竞争力。然而核心点和优势点也不是完美无缺的，也有不符合标准、不满足市场的薄弱之处，这就需要企业将这些弱点找出来，然后不断完善提高。

事物是不断发展变化的，企业在某一特定阶段中的薄弱之处也会随着企业的不断发展而发生变化，因此就需要管理者能够准确抓住企业发展中的弱势，并通过策划、组织、控制、指挥、协调等手段解决这些问题，使企业实现均衡发展。

对企业来说，有弱点并非坏事，企业管理者应善于发现这些弱点、分析弱点并根据市场、技术、资本、人员等因素修补这些短板，以求达到企业的均衡发展，不断地改进我们的工作，促进企业不断发展。

成本管理，企业永恒的主题

管理中最难的是成本控制，没有科学合理的成本控制方法，企业就处在生死关头。任正非注重控制成本，他说："全体员工都要动员起来，优化管理，要减人、增产、涨工资。明年生产要翻一番，但人员不一定要翻一番。从管理中要效益，只有在管理上进步了，我们才可能实现机关干部与研究、市场同工同酬。"

做企业，控制成本是非常重要的。所谓成本控制，是企业根据一定时期预先建立的成本管理目标，由成本控制主体在其职权范围内，在生产耗费发生以前和成本控制过程中，对各种影响成本的因素和条件采取的一系列预防和调节措施，以保证成本管理目标实现的管理行为。

成本控制的过程是运用系统工程的原理，对企业在生产经营中发生的各种耗费进行计算、调节和监督的过程；同时也是一个发现薄弱环节，挖掘内部潜力，寻找一切可能降低成本途径的过程。科学地组织实施成本控制，可以促进企业改善经营管理，转变经营机制，全面提高企业素质，使企业在市场竞争的环境下生存、发展和壮大。

《华为基本法》对成本控制作了详细的解读，第八十二条规定："成本是市场竞争的关键制胜因素。成本控制应当从产品价值链的角度，权衡投入产出的综合效益，合理地确定控制策略。应重点控制的主要成本驱动因素包括：设计成本；采购成本和外协成本；质量成本，特别是因产品质量和工作质量问题引起的维护成本；库存成本，特别是由于版本升级而造成的呆料和死料；期间费用中的浪费。"第八十三条也规定："控制成本的前提是正确地核算产品和项目的成本与费用。应当根据公司经营活动的特点，合理分摊费用。公司对产品成本实行目标成本控制，在产品的立项和设计中实行成本否决。目标成本的确定依据是产品的竞争性市场价格。必须把降低成本的绩效改进指标纳入各部门的绩效考核体系，与部门主管和员工的切身利益挂钩，建立自觉降低成本的机制。"

任正非反复强调，如果华为不能控制成本，随着企业竞争越来越激烈，利润空间越来越小，公司的生存和发展将面临很大的困难。

成本管理是现代企业管理中一个重要内容，是企业永恒的主题，成本控制更是企业财务部门最主要的职责和任务之一，也是通过管理出效益的最具体、最有效的措施之一。企业开展成本控制要树立科学发展观，实行精细化成本管理，不仅要抓"大成本"，还要抓"小费用"，做到"全员、全过程、全方位"的"三全到位"，为此，企业就必须采取成本控制措施，改进现行成本管理的不足，立足战略管理的角度，建立健全成本管理体系。

在进行成本控制的过程中可将以下四方面内容作为参考：

1. 用发展的思路制定科学合理的成本控制目标。成本的控制有相对成本控制和绝对成本控制之分。绝对成本控制是把成本支出控制在一个绝对的金额中的一种成本控制方法；相对成本控制是指企业为了增加利润，要依据产量、成本和收入三者的关系来控制成本。

2. 树立“大成本”观念进行可控成本的成本控制。以企业管理能否对成本施加影响力来区分可控成本与不可控成本。企业管理人员能对成本施加影响并可以调节成本的是可控制成本，反之则是不可控制成本。但是成本的可控与否，不是固定不变的，在一定的范围和时间里是可以转化的。

3.注重“小费用”，实施全员、全过程、全方位的成本控制。成本是企业生产经营活动的综合性指标，涉及各方面的管理，同时也涉及各层次的人员。但是，长期以来，人们一直存在一种误解，把成本管理作为财务人员、少数管理人员的专利，认为成本、效益都应该由企业领导和财务人员负责，而把各车间、部门、班组的职工只看做生产者，导致管成本的不懂技术，懂技术的不懂财务，职工对于哪些成本应该控制、怎样控制等问题无意也无力过问，成本意识淡漠。

4.以企业价值最大化为目标进行成本控制，在成本控制中要引入价值链方法，对企业生产经营过程的每个环节、每项工作都要用价值链分析方法，分析其是否有效地利用资源为企业创造了最大化的价值。

人均效益低下之时，就是缩减人员之际

作为一个商业机构，企业必须以利润为基础，否则就无法生存，如果机构臃肿，效益低下，甚至入不敷出，企业必然经营不下去。任正非很清楚这个道理，因此，他经常提醒员工，必须努力提高个人效益，否则，人均

效益低下的时候，就是华为缩减人员的时候。

按照任正非所推崇的狼文化，这种人力资源制度本身就是狼文化的具体化、制度化体现。狼为了生存竞争而进行的自然选择，即为了小狼的食物供给充分，抛弃了老狼，完成了整个狼群的新陈代谢而生存下来。这样的狼文化曾经成就了成吉思汗，他征服欧亚大陆，形成了版图无人匹敌的元帝国。任正非认为这样的狼文化同样能够成就华为，特别是在商业竞争愈加激烈，商业环境日益恶劣的条件下，华为没有别的选择。这种人力资源制度就是狼文化的必然逻辑，必然选择。

但尽管华为如此强调，到目前为止，华为尚没有启动过大规模裁员和大幅度降薪行动，这自然是与华为员工有了危机意识，不断提升自身能力分不开的。

2007 年 5 月初，索尼结构事业部透露消息，为削减成本、提高效益，公司即将裁减至少 160 名员工，占员工总人数的 8%以上。索尼结构事业部解释说，公司正处于结构重组和转型的重要阶段，削减员工对于公司来说是一个艰难的决定，却是强化运作模式、提高工作效率、降低成本的必要手段。此次裁员计划涉及所有与结构重组有关的部门和领域，这意味着不只是索尼公司结构事业部，在英国包括欧洲全境范围内的分社，甚至游戏工作室都将不能幸免。此次裁员规模之大，自结构事业部成立以来还并不多见。

2005 年 7 月 19 日，惠普宣布全球裁员 1.45 万人，裁员比例 10%，而在此之前，企业裁员的消息就不断被曝光：UT 斯达康，在遭受第一季度净利润锐减 30%的窘境后，不得不首度宣布裁员 1400 人；奥林巴斯裁员 4000 人，相当于其雇员总数的 30%；爱立信公司则关闭了 CDMA 业务在美国的行政总部，并裁员 250 人。

将企业营业成本的上升和收入增加维持在一个固定的比率上，并确保营业成本的降低和收入降低的比率相同。这就意味着当企业出现收入下降时，企业要确保营业成本要同比率下降。

无论是惠普，还是奥林巴斯、通用汽车，大规模裁员都有节约开支、集中力量发展重点业务的目的。当今世界，企业环境变化迅速，企业一旦丧失技术及成本优势，面临的风险和压力就将突显。因此，企业最直接的办法就是不断地降低成本。而裁员是短期内能够使降低成本效果立竿见影的唯一方法，惠普裁员计划每年可以减少19亿美元的成本。在现实的市场竞争中，裁员的收益是明显的。

裁员可以使企业通过人员整合来实现业务重组，从而大幅度降低人工成本和运营成本。不敢裁员，成本控制就可能变成一场空谈。同时裁员也是加强企业员工自身危机感的有效方式，有利于员工不断严格要求自己，加强自身能力建设。

变换队形，组织结构要有高度适应性

一个企业，组织结构要有高度的适应性，当市场形势发生变化时要及时改变队形，这样才能生存发展。正如任正非所说："当我们的形势变化了，我们一定要及时调整组织结构，如果抱着一定要做世界上最先进的产品的理想，那么我们就面临着很大的危险。我们的结构调整要完全以市场为导向，而不能以技术为导向，在评价体系中同样一定要以市场为导向。"

在中国电信3G上网卡集采中，华为多款3G上网卡中标；累计中标份额超过50%。华为终端营销工程部部长陈崇军表示："华为数据卡产品有着难以复制的独特优势，近期在多家运营商的集中采购中接连获得大单，这证明了华为的3G产品得到运营商的充分认可。"

中国联通首轮WCDMA上网卡招标中，华为公司有两款产品中标，在联通首轮3G上网卡招标中，华为中标份额为44%，排名第一。

虽然，以低价策略和"为客户提供更为优惠的商务条件"使华为从电信行业一支毫不起眼的弱旅起步，迅速在全球扩张，但它带来的副作用也是显而易见的。有观点认为，华为对金融杠杆的运作"是在钢丝上行走"，尤其是2007年，其营业利润率已经从2003年的19%下降到7%，净利润率则从14%下降到了5%；与此同时，华为过去相对低的资产负债率也在攀升，2005年之前，华为负债率控制在50%以下，2007年已经达到67%的高位。

在利润率下降的关键时刻，任正非及时地改变了策略。"王小二卖豆浆，能卖一块钱一碗，为什么要卖五毛钱？我们产品的毛利，要限定在一定水平，太高或太低都不合适。"任正非如此戏言。其实，"华为凶猛"绝不是低价那么简单，而是运用智慧在成本与赢利之间巧妙地找到平衡。在已经通过低利润率完成全球市场扩张后，华为又调整了竞争方式和手段，重新衡量了成本和利益之间的关系。

组织结构设计的目的就是适应变化、应对变化，获得竞争胜利。一个僵化的组织结构是不稳定的，是脆弱的。组织结构只有使自己适应新的情况、新的需求、新的条件时，才能继续存在。所以，组织结构要有高度的适应性。

根据客观需要而进行组织结构设计，体现的是一种管理应需而变的思想。但凡伟大的企业，管理应需而变都是其成功最重要的法宝。

我们以肯德基为例。如果在中国调查妇孺皆知的国外品牌，肯德基肯定是其中之一，由此可见肯德基对民众生活的影响，以及它在中国获得的成功。但是，这个在今天看来如日中天的品牌，也曾有过在中国败走麦城的经历。

1973年肯德基大举进入中国香港，肯德基高层过于乐观估计香港市场，在不到一年的时间里就迅速扩张了11家店，但是市场很快就给他们当头一棒。因为未能找到一个适合香港本土的经营模式，肯德基在1975年时相继关闭所有餐厅，撤出香港。

10年后，他们带着失败的教训，重新踏上香港这片土地，通过特许授权的方式，在香港开始走向成功。与此同时，他们将市场开拓到中国内地，于1987年在北京天安门广场附近开设其首家中国内地分店。应该说，之前在香港失败及后来成功的经历为肯德基进入中国内地提供了极其宝贵的经验。

在当时的政策环境下，外资企业除了与本土企业合作外，没有第二条路可走。在这个时代背景下，肯德基选择有政府背景的当地企业进行合作，充分体现其应需而变的管理策略和适应能力。当政策出现变化，合资经营不再是硬性规定时，肯德基开始转向独资，并迅速走上高速扩张之路。从1987年到2007年的20年间，肯德基这个名字遍布神州大地，店面数量多达2000家。

应需而变使肯德基在激烈的快餐食品竞争中把握住了主动权。一旦出现发展机遇，相应的部门就会迅速出动，捕捉到机遇。在这个过程中，是单个部门或几个部门的行为，而非公司整体行动，既获得了成果，又避免了资源浪费。基于市场需要而不断变化的组织结构，具有很强的灵活性，在各种环境下都能很好地适应并获得成功。

居安思危，以长远的眼光看发展

公司所有员工是否考虑过，如果有一天，公司销售额下滑、利润下滑甚至破产，我们怎么办？

任正非告诉大家，在松下电器公司不论是在办公室，还是会议室，或是在通道的墙上，随处都能看到一幅张贴画，画上是一艘即将撞上冰山的巨轮，下面写着："能挽救这条船的，唯有你。"其危机意识可见一斑。任正非也始终在思考，在华为公司，员工的冬天意识是否那么强烈？是否传递到基层？是否人人行动起来了？

一直以来，危机意识已深入任正非的骨髓，成为指导其行事的首要原则。即使在华为高歌猛进、销售额直线上升的时候，任正非考虑得更多的还是危机、危机……

在华为的销售额已经上升到220亿元（合同销售额超过26.5亿美元，其中海外销售额超过1亿美元），员工人数达到16000人，在中国电子百强企业中虽位居第十，且利润高居榜首时，任正非看到的是华为一派繁荣背后的危机：华为的管理成本居高不下，管理效益下滑，很多产品还存在瑕疵，售后服务尚有很多地方不尽如人意；华为已经开始沾染大企业病，一些干部的官僚习气正在加重，创业时期的艰苦奋斗精神正在被淡忘……

无论是华为内部自省还是与国外大企业相比，华为都还有很多功课要做。任正非反复强调华为的危机，他希望华为人永远不要大意，永远保持旺盛的战斗力。

美国百事可乐公司是国际著名的大企业，在公司事业如日中天的时候，总经理韦瑟鲁普却开始担心汽水市场会走下坡路，同业之间的竞争也会变得更加激烈。如何来激发员工的工作积极性，使百事公司的员工们相信，如果他们不拆散这部金钱机器并重新把它建立起来，百事公司就有可能走向衰亡呢？韦瑟鲁普制造了一场危机。

韦瑟鲁普和销售部经理重新设计了工作方法，重新规定了工作任务，要求年收入增长率必须达到15%，否则企业就会失败，百事可乐公司也将不复存在。这一要求可能有些危言耸听，但在一定程度上反映了市场竞争的激烈程度及由此可能产生的后果。最终，韦瑟鲁普完成了其在公司最艰巨的一次行动，即被他称为“末日管理”的战略。

百事可乐公司的末日管理法，充分调动了员工工作的积极性，使公司的现有设备等资源得到了最大限度的利用，减少了资金的占用，使得资产的循环周转顺畅起来；一些日常管理的节奏加快，公司的经济效益也不断提高。

末日管理就是企业从决策层到生产第一线都在强烈的危机感下运行。简而言之，就是让所有人都有末日来临之感。这着眼于未来的忧患意识，在当今市场条件下尤为可贵。我们从众多企业盛极而衰的现象中可以看出，企业最好的时候，可能就是走下坡路的开始；产品最畅销的时候，往往也是滞销的开端。许多企业在顺境中，神气十足，盲目乐观，被眼前的胜利冲昏了头脑，不去开发新产品，不去开拓市场，依赖自己的那点优势坐吃山空。久而久之，优势没了，市场也随之消失，企业的末日便真的来临了。

明天总会到来，又总会与今天不同；如果不着眼于未来，最强有力的公司也会遇到麻烦。管理者有责任以长远的眼光关注企业的发展，把危机扼杀在摇篮里。

第五章 保持清醒，成功永远在路上

厘清思路，网络只是时代的工具

未来世界信息的发展是无穷无尽的。任正非在2014年4月16日的专家座谈会上指出，互联网不是指网络，一定不要把互联网时代理解成了网络时代。互联网已经成了人们的基本需求，网络只是一个承载工具，端到端连起来，老百姓也是互联网的组成部分。

经历27年的发展，2014年华为站上了世界通信设备之巅。荣誉的光环刚刚升起，互联网大潮便汹涌袭来。2013年，小米手机的出货量为1870万台，占华为出货量的四成不到，收入却是华为的60%，利润是华为的两倍，净利润率更是华为的3倍多。在移动互联网时代最有机会的移动终端业务上，行业巨擘却不及业界新秀。华为总体虽然依旧强大，但有人说华为开始走向衰老，认为华为已经陷入"创新者的窘境"之中，即华为内部可能很早就出现了互联网时代的"颠覆式创新"，但由于与主营业务冲突，这些创新的点子很可能被"扼杀"在了摇篮里。缺乏新鲜的思想，越是庞大的企业倒得越快。因此，"廉颇已老，华为已死"的论断频频地在网络平台中浮现。

任正非并不这么看，不是所有企业都必须将互联网当作主业才能生存下去。当然，任正非也清楚地看到，华为现在走的道路中还有很多问题亟待改正。就华为手机的问题，任正非在面对华为消费者BG时就严厉地批评道："你们说电商要卖2000万部手机，纯利润是1亿美元。一部手机赚30元，这算什么高科技、高水平？……现在你们赚个几亿美元就开始牛起来了，拿自己的长板去比别人的短板，还沾沾自喜。坚持走一条正确的路是非常困难的，我希望消费者BG不要在胜利之后就把自己泡沫化，不要走偏了……终端没有黏性，量大而质不优，口口相传反而会跌下来……别让互联网引起你们发烧。"手机是要继续卖的，但利润要提高，别的业务照做不误，这便是华为的路子。

与此同时，任正非也希望华为人明白一个道理：互联网时代并不是网络时代，不是在互联网上卖个东西就掌握互联网精髓了。任正非认为："互联网的特性是对标准化、数字化的内容传输的便利性和规模化。它是促进实业在挖掘、消化信息后的改进，互联网时代被认为是网络公司，有可能是一种误解，因为真正的互联网时代是网络支持和工具改变了实业。"从历史角度看，之前的3次工业革命，不管是蒸汽机还是电力，都曾在产业和社会生活中起过革命性的作用，但这些技术革命并没有颠覆社会生产，而是以更高的效率极大地推动了社会生产进步。网络这个工具与蒸汽机、电力一样，带来的是整个世界生产方式的改变。

在这样的时代背景下，任正非强调华为人首先应该厘清思路。网络只是这个时代的工具，不能不用，也不能滥用。在任正非看来，网络不应该成为一种补充手段，在必要的时候应该成为营销的主力；但也不应将传统渠道一刀封杀，在网络优势不明显的领域，它就应该作为一股补充力量发挥"捡漏作用"。以手机售卖为例：荣耀2、荣耀3C等系列上市时，这些产品本身就针对年轻用户，年轻人对电商平台更容易接受，因此对于这一类产品，华为只走电商渠道；主打高端人群的P6手机则是先走传统渠道，当主攻期过了之后，便被转移到电商渠道继续发售，通过电商渠道补传统渠道的"漏"。这种按需分销的策略既保护了两种渠道的成长，也容易取得更好的成绩。

厘清思路之后，要打通"端到端"，端端相联结成网。任正非指出，华为公司一定要做到"端端相联"，并且"一定要站在全局的高度来看待整体管理架构的进步，系统地、建设性地、简单地建筑一个有机连接的管理体系，要端到端地打通流程，避免孤立改革带来的壁垒"。任正非所指的"端到端流程"，其实就是从客户需求端出发，到满足客户需求端去，提供"端到端"服务，输入端是市场，输出端也是市场。公司的设备用到哪里，就把服务机构建到哪里，贴近客户提供优质服务。任正非认为，华为在接下来的几年里，要继续打通端到端，因为跨领域、跨部门端到端主干流程的集成，以及与结合部的贯通，仍是华为目前客观存在的短板。

创新要实事求是、接地气儿

任正非坚持创新，他认为没有创新才是最危险的。在技术上的创新，在管理思维上的创新，在管理手段上的创新，在营销策略上的创新，始终是华为人孜孜以求的工作目标。

创新是华为发展的不竭动力，但任正非强调，创新一定要实事求是，要接地气儿，之所以提出这样的要求，是因为华为在技术创新方面曾经吃过大亏。当时由于华为研发人员片面追求技术进步，导致技术研发严重脱离市场。结果设计生产出来的产品有的需要花大力气维修，而维修成本远高于重新生产的成本；有的由于买不到合适的配件，无法制成成品，导致很多板材变成了一文不值的废品。

在这种情况下，任正非发表讲话端正了企业研发人员的创新态度，并召开了一场由全体员工参加的“反幼稚”运动大会。在会上他再三强调，企业的创新必须始终以市场为导向。在技术上，盲目创新和过度创新都是不可取的。技术并非越先进越好，其先进性必须以市场为导向，以消费者为目标。否则，会导致产品的“技术过剩”，在市场上未必会获得最佳的经济效益。在会议结束前，任正非将所有作废的板材作为奖金全部发放给了那些导致失误的研发人员，要求他们摆在自家的客厅里，时刻提醒自己：因为研发、设计的幼稚，导致公司遭受了多么大的损失。

在此基础上，华为曾制定一条硬性规定：为了避免研发人员只追求技术先进而缺乏对市场的敏感，每年研发部门必须安排5%的研发人员转做市场，同时有一定比例的市场人员转做研发。久而久之，华为逐渐形成了一种以市场需求为导向的实用文化。事实上，华为大多数获得成功的产品，并不是凭借技术的先进性，而是依靠其受市场欢迎的实用性。

华为曾经遇到过这样的事情——有某些厂家的设备，由于在设计中没有充分考虑可扩充性，导致该设备成为“孤岛”，无法与后来的设备融合，无法更新，这样的设备，除了报废，没有别的办法，这显然造成了大量浪费。

在华为公司内部也一样，由于很多技术的研发平台都是一样的，如果各项技术的研发过程没有充分沟通，没有资源共享，就很容易造成资源浪费。因此，任正非要求华为尽快建立起功能强大的资料共享平台，及时保存各种研发资料，更新各种信息。在技术研发中，要充分考虑到该技术的可延续性，以及可扩充性，使技术具有更大的发展潜力。

2000 年，在美国纳斯达克股市上市的高科技企业铱星公司，其宣布破产就是因为技术先进而市场尚未成熟，导致成本过高、市场竞争力下降的一个典型例子。铱星系统使用的是 20 世纪 90 年代初期发展起来的新技术，为此铱星公司还获得了 1998 年度《大众科学》杂志年度 100 项最佳科技成果奖中的电子技术奖。但相对于当时普遍流行的移动电话技术，该系统在技术上存在着手机过重、信号不稳定等问题。而为了开发维护这一技术，铱星公司投入 50 多亿美元，花费了每月 4000 万美元的财务费用。高成本的技术导致铱星手机定价高昂，得不到用户的支持，铱星公司空有超前的技术，却吸引不到消费者，最终只能面对破产的结局。

在企业实际的经营发展中，最好的技术、最好的研发固然是其核心竞争力的表现，但缺乏市场营销的产品很难转化为市场需求，产品投放市场后如果得不到消费者的认同，造成了滞销的情况，导致巨额的研发和生产资金难以收回，势必会在很大程度上使企业遭受损失，甚至影响企业的品牌形象以及长远发展。因此建议企业在进行技术创新研发的同时，注意以下事项：

首先，切忌盲目追求技术领先。

即使在新产品开发至关重要的高科技行业，技术领先策略也未必是取得商业成功的唯一要素。相反，企业应该考虑的是如何最经济地确定、获取并整合某项技术，缩短产品开发周期、降低成本以及提高可靠性和安全性。

其次，在成熟领域投入过多精力进行开发没有太大意义。

一些企业经常会花费时间和精力用于维持过去曾经为本企业带来竞争力的基础性旧技术。事实上，竞争对手们大多已经拥有了这些技术，或者可以很容易从市场上获得该技术，这样，保持该项技术的领先地位实际上已经没有意义。

再者，企业应按“因厂制宜，扬长避短”的原则选择合适的技术和设备。

我国自20世纪80年代以来的一些技术改造和引进设备的现象表明，我国有相当数量的企业在一定程度上存在着赶超情结，即只要资源条件允许，便倾向于采用最先进的技术和设备，意在“缩短同国际先进水平的差距”。但事实上，这样取得成功的企业并不多。企业想要成功，就要结合自身情况吸收引进的设备和技术。

很多企业存在这样的认识误区，技术、设备越先进越好，生产出来的东西越领先越好，却不知这种误解很可能会使企业陷入泥沼无法自拔。创新要以市场需求为依托，技术和设备要为生产现状服务，脚踏实地才是企业创新最稳妥的选择。

有理想，但不要理想化

“随着时代的发展，我们需要从游击队转向正规军，像参谋作业一样策划市场，像织布那样精密管理市场。”

“我们是会富裕起来的，生活、工作环境都会逐渐有较大改善。我们要从管理上要效益，从管理效益中改善待遇。我们不断推行严格、科学、有效的管理，要逐步减少加班，使员工的身体健康得到保障。”

随手翻开华为的领导内部讲话和宣传材料，便能感觉到字里行间的激情、鼓舞和号召。

在1997年华为市场部的迎新大会上，市场部老总挥动着双手，无比激动地演说："市场营销是华为的先锋部队。在沙漠里，在高原上，在繁华的都市，在贫瘠的农村，等着我们的都是困难。我们的责任就是披荆斩棘，用生命、热血去铺筑华为的发展之路。胜则举杯相庆，败则拼死相救。狭路相逢勇者胜，烧不死的鸟就是凤凰！市场营销是华为最具机会的部门，已经有2000人的队伍。现在我们正在积极拓展海外市场，让我们去欧洲、进美洲、奋战在非洲！当我们的生命燃成熊熊大火时，华为已经遍及全球。我们可以骄傲地说：今生无怨无悔！"一篇檄文，激昂的战前动员，令台下的年轻人热血沸腾，一批新员工毅然响应号召，去了当时最艰苦的边远市场。

理想与现实是人生和事业奋斗过程中永恒的话题，认清两者之间的关系对企业来说尤为重要。龙永图认为寻找与环境的相容性是企业家实现理想和目标的基础。企业家若空有理想而没有对现实和环境的认识，那么企业很可能还没成形便已夭折。一个过于理想化的企业家，往往令其企业的成长道路布满荆棘。

1987年，留学日本的何鲁敏，谢绝日本方面的高薪挽留，带着9箱技术资料回到国内。何鲁敏是一个纯粹的技术人员，当时的"海归"非常稀少，他完全可以进入国家科技部门从事技术研发工作，但是他选择创业，"因为我念这么多年的书，一个月只挣62块钱，还不如门口卖茶叶蛋的老太太"。这个创业理由相当稚气，也预示了这个知识分子的创业道路将有意料之中的曲折。

那时候，中国人均GDP才290美元，何鲁敏却把创业的目光瞄准空气加湿器。何鲁敏带着一腔热血，头也不回地跳进这个非常冷门的领域。很快，做生意过于理想化的何鲁敏遭到了来自市场的当头棒喝。创业之初，何鲁敏相信科学技术是第一生产力，一个企业中没有比技术更有用、更值钱的东西了。后来他发现不完全是这样，技术先进，并不是一个企业成功的先决条件。面临实际困难，何鲁敏才意识到市场经济是复杂而冷酷无情的。何鲁敏的创业一路磕磕碰碰，遇到各种倒霉事，好在何鲁敏抗挫折力极强，一路坚持，终于取得成功。

每个企业家都需要经历一些弯路才能慢慢长大成熟，但是如果何鲁敏在创业之初将事业与现实主义结合得紧密一些，也许他所受的挫折不会那么多。柳传志以自己的亲身经历告诉后来人："凡事需要有理想，但不要理想化。"大多数创业者都是理想主义者，这一点非常可贵，可惜理想主义者往往想法浪漫，觉得一切问题只要按理想率性而为就可以完美解决，但现实会毫不留情地把他们教训得头破血流。何鲁敏最大的优点就是，心怀理想主义的热情，不抛弃，不放弃，在理想的世界中接受现实的洗礼，最终才得到凤凰涅槃的升华。

降低成本，但不能忽略质量

困难是客观存在的，在资源和生产过剩的情况下，竞争的要义是什么？就是看谁的质量好、服务好、成本低，这是企业竞争中颠扑不破的真理。价格和成本体系问题、优质服务体系问题、质量体系问题，是每一个企业都不可动摇、不可回避的三大问题。任正非说，华为绝不会为了降低成本而忽略质量，否则那是自杀或杀人。

任正非认为，与国外大企业如IBM、苹果公司等销售额相比，华为还有很大的差距。差距就在于产品的稳定性不如国外大公司。华为的一位客户曾经说："我们也不希望你们天天过来，你们过来得越少越好，这说明你们的产品稳定性好。如果你们产品稳定性差，你们天天过来，我们也是不满意的。如果你们过来和我们交流，打打球，我们是欢迎的，但因为产品不过关，你们天天过来服务，我们是不欢迎的。"可见，想要客户满意，产品必须具有良好的稳定性。只有产品性能稳定，销售成本才能降低，才能如国外公司那样赢得更多利润。

任正非非常重视生产制造环节，他认为这是公司产品达到技术先进、服务优秀、质量可靠的先决条件。他说："生产系统目前的管理还处在一个很不成熟、非常幼稚的状态。在这一点上我认为生产系统下一阶段最重要的工作就是不断苦练基本功，包括从上到下每一个员工。可以把那些插件能手放在一条生产线上去，把这条生产线的定额定下来，不怕他们超定额，不怕他们高工资，要给其他人树立一个榜样。要把一些认真负责的能工巧匠的工资提起来。但不要一提‘比武’就是比速度，我认为不要忽略质量，要遵守规章。”德国企业强调质量过硬，在机械化时代，德国制造风靡一时；日本企业强调精致，成为电子时代的技术标杆。两国企业在国际上具有很强的竞争优势，很大程度上归功于对生产制造环节的重视。

三鹿集团是河北一家有着50多年悠久历史的乳品企业，它所生产的婴幼儿奶粉价格相对低廉，是广大处于中低层经济水平的家庭的育婴首选产品。长期以来，三鹿集团不仅拥有稳定的消费市场，而且多次获得政府嘉奖，深受消费者好评。就在2008年1月，三鹿集团开发的《新一代婴幼儿配方奶粉的研究及其配套技术的创新与集成项目》还荣获国务院授予的、代表我国科技发展水平的最高奖项——国家科技进步奖，登上了国家最高科技的领奖台，成为中国乳品行业的骄傲。可就是这么一家顶着无数光环的老牌企业，最终却因为缺乏社会责任感，从高高的领奖台上摔了下来，再也没能爬起来。

原来，三鹿集团为了牟取暴利，在占领农村奶粉市场方面采取了低价倾销战略。为了节约成本，三鹿集团选择添加了大量廉价“大豆蛋白粉”的奶源，而这些所谓的“大豆蛋白粉”实为伪造蛋白质的化学原料三聚氰胺。三聚氰胺是一种三嗪类含氮杂环有机化合物，作为化工原料，广泛运用于木材、塑料、涂料、造纸、纺织、皮革、电气、医药等行业，由于含有更多的氮原子，常常被用来伪造高蛋白产品。实验表明，三聚氰胺主要影响泌尿系统，可能导致泌尿系统结石，很多婴儿就是食用了含有三聚氰胺的奶粉而得了结石。据新华网报道，三鹿集团从2008年3月份开始就陆续接到一些患有泌尿系统结石病的投诉，却未能引起高度重视并设法及时弥补自己缺失的社会责任，而只是敷衍一下、草草了事，直至同年9月份被大规模曝光。

2008年9月11日上午，甘肃省卫生厅首次披露该省内59名婴儿肾功能不全、1人死亡的情况，是因吃了同一个牌子的奶粉。在湖南、湖北、山东、陕西、安徽、江西、江苏、河南等省都发现多个相似病例。11日晚，卫生部称，近期甘肃等地报告多例婴幼儿泌尿系统结石病例，调查发现患儿多有食用三鹿牌婴幼儿配方奶粉的历史，并高度怀疑石家庄三鹿集团股份有限公司生产的三鹿牌婴幼儿配方奶粉受到三聚氰胺污染。

危机发生以后，三鹿集团不但没有意识到自身错误，反而把责任推给所谓的“不法分子”——奶农。此外，三鹿集团更试图拉政府部门“下水”，用300万元“摆平”百度，要求后者帮助隐瞒真相、平息事态。这些消息激起人们更大的愤怒与更多的谴责，三鹿集团也在这种不负责任的姿态中逐渐走向了灭亡，面临被收购、重组的命运。

在三鹿事件中，一同陷入危机的除了三鹿集团，还有伊利、蒙牛、三元、光明等众多知名乳制品企业。这些企业都因为产品被查出含有三聚氰胺而遭受各方质疑，整个乳制品行业受到严重冲击，“企业”的招牌在信誉危机中摇摇欲坠。

其实不光是食品，企业产品面世后都与人们的生活息息相关，产品每一点质量疏忽都有可能对人们的生活造成恶劣影响，甚至危及生命。质量是企业的生命线，事关质量的任何问题都不是小问题，都应该得到最为谨慎的处理。很多企业在激烈的市场竞争面前选择压缩生产成本，但如果因此导致产品质量下降，必然会使公司信誉为消费者所质疑，甚至可能造成难以挽回的灾难。每个人都应该成为企业的安全卫士，为企业严把质量关，不把降低成本作为企业的唯一目标，实现企业的良性健康发展。

把危机意识灌输给员工

任正非是一个具有危机意识的人，他认为一个企业没有成功只有成长，他时刻保持清醒，在2017年1月的市场工作大会上，任正非说："鲜花的背后可能是墓志铭。"在《华为的冬天》，任正非说："IT业的冬天对别的公司来说不一定是冬天，而对华为就是冬天。华为的冬天可能来得更冷一些。我们还太年轻，我们公司经过十年的顺利发展没有经历过挫折，没经过挫折，就不知道如何走向正确道路。磨难是一笔财富，而我们没有经过磨难，这是我们最大的弱点，我们完全没有适应不发展的心理准备与技能准备。危机的到来是不知不觉的，我们在讨论危机的过程中，最重要的是结合自身来想一想。危机并不遥远，死亡是永恒的，这一天一定会到来，你一定要相信。从哲学上，从任何自然规律上来说，我们都不能抗拒，只是如果我们能够清醒地认识到我们存在的问题，我们就能延缓这个时候的到来。繁荣的背后就是萧条，玫瑰花很漂亮，但玫瑰花也有刺。任何事情都是相辅相成的，不可能有绝对的。今年我们还处在快速发展中，员工的收入都会有一定程度的增加；但如果我们不能居安思危，就必死无疑。"

在华为如日中天时，任正非却时时想着应对危机的策略。这种深远的忧患意识，像一只无形的手，指挥着华为从成功走向成功。但是成功的背后总是潜伏着危机，不可以盲目乐观，而且越是和平与繁荣时期，越是要提高危机意识和应对危机的能力，让自己生存下来。

居安思危，任正非真正将这4个字落到了实处。2001年，任正非从均衡发展、精简机关、规范管理、管理体系、模板化管理、干部评价制度、自我批判精神、心理素质、危机意识、媒体应对态度十个方面提出了独特的管理理念和危机应对措施，为"华为的冬天"准备了一件厚厚的"棉衣"。

用自己的优势征服市场是每一家企业的信念，然而商场如战场，企业就像是战场中的某一个战壕，不努力，不守护，便可能成为别人的战利品。即使目前企业的管理、质量、产能在同行业中居领先地位，然而没有人能够预料，企业的灾难会在什么时候、以什么形式到来。在激烈的市场竞争中，没有不倒的英雄，没有永远的失败者。

华为人清醒地认识到危机的存在，也在采取措施积极地防范。这种危机感和未雨绸缪的举措，根源于强烈的生存意识，让任正非总是能把目光投向更远的地方，也总是能够领先别人一步。正如任正非所说，唯有惶者才能生存，只有具备忧患意识的企业才能在市场中长久生存。

危机感可以有效引导员工，强化凝聚力，进而有效提高企业竞争力。那么作为企业管理者，该如何打造企业的危机意识？如何把危机意识灌输给员工，以共同应对危机呢？危机管理的具体方法有三点：

其一，必须将目前企业面临的风险告诉企业员工，目的在于使员工有大难临头的危机感。

其二，必须有不战必亡的表示，消除员工的侥幸心理。

其三，激发员工的情绪，使大家无所畏惧，齐心协力，爆发出潜在的超常能量。

美国技术公司在打造、灌输危机意识方面可谓独树一帜。总裁威廉·韦斯认为，如果企业管理者不能向他的员工们灌输危机意识，表明危机确实存在，那么他很快就会失去信誉，因而就会失去效率和效益。为让那些认为身居公司高位就可以高枕无忧的人紧张起来，他起用了两名大胆推行改革的高级管理人员为副董事长，免去了4名倾向于循序渐进、在其位不谋其政的高级管理者的职务，以警示高层人员：如果你在位置上感觉很舒服，很快就会有人接替你的位置，分享你的“午餐”了。对于一线员工，威廉·韦斯广泛宣传“由于某些小单位忽视产品质量，导致失去用户”的危机，并一再提示员工，如果不把产品质量、生产成本以及用户时刻放在突出位置，公司的末日就会来临。威廉·韦斯让员工们知道企业是在激烈竞争中生存的，不进则退，退则一败涂地，从而使危机意识贯穿整个公司，推动公司发展。

第六章 管理，是为了作战

完善的管理机制就是竞争力

2017年1月，任正非在市场大会上说：技术会随着时代的发展而淘汰，但是管理体系不会。对一个企业来说，做好管理是至关重要的。

华为公司有一个《管理优化报》，是专门进行自我批评的。天津管局来公司访问时，提了一些意见，中研部、中试部全体员工组织听录音，认真反思，写了不少心得，《管理优化报》把它编成了一本书，叫《炼狱》。华为的管理优化进行得如火如荼的关键是，任正非对管理的重视。

1995年是华为管理进阶的起始年。这一年关于管理的关键词是：员工100%持股、产品多元化、发放股权凭证、发起“华为兴亡，我的责任”的大讨论、大规模推行ISO9001标准、《华为之歌》诞生、要求办事处搬到当地星级宾馆办公。此外，聘请中国人民大学教授团进行人力资源咨询，成立工资改革小组，设计工资分配方案。年底，任正非提出重建企业管理系统。1996年1月，任正非要求总裁办牵头制定一个员工行事准则，于是《华为基本法》诞生了。

在任正非心里，只要有利于实现“成为世界级领先企业”的光荣与梦想，一切的改变和改革都是必要和必需的。不必继续追问这个理想背后的根源与动机，关键在于华为正在被理想驱使，并努力奋斗。

有这样一个小故事：很久以前，有5个和尚住在一起，他们每天都分食一大桶米汤。但是因为贫穷，他们每天的米汤都是不够喝的。一开始，5个人抓阄来决定谁分米汤，每天都是这样轮流。于是每星期，他们每个人都只有在自己分米汤的那天才能吃饱。后来经过研究，他们推选出一位德高望重的人来分米汤。然而好日子没过几天，在强权下，腐败产生了，其余4个人都会想尽办法去讨好和贿赂分汤的人，最后几个人不仅还是饥一顿饱一顿，彼此关系也变得很差。然后大家决定改变战略方针，每天都要监督分汤者，一定要把汤分得公平合理。这样纠缠下来，所有人的汤喝到嘴里时全是凉的。最后大家想出来一个方法：轮流分汤，不过分汤的人一定要等其他人都挑完后，喝剩下的最后一碗。这个方法非常好，为了不让自己喝到最少的，每个人都尽量分得平均。在这个方法执行后，大家变得快快乐乐，和和气气，日子也越过越好。

实施制度管理是企业管理高效的一个重要方法，同样的5个人，不同的分配机制，就会产生不同的效果。如何制定一个完善的管理机制，是所有领导者需要考虑的问题，完善的管理机制就是竞争力。

制度管理是以制度规范为基本手段协调组织协作行为的管理方式，一个具有制度完善的组织往往能够高效运营。不过，制度管理绝不是管理的全部。

企业管理是一个重要课题，要随着市场、需求、员工等因素的变化而不断调整，只有能够将“以人为本”的管理模式与制度管理的模式成功结合，并不断发展完善的企业，才能在激烈的竞争中立于不败之地。

规范化管理——企业发展的地基

由于政治、经济等各方面原因，中国企业在同国外大企业竞争的过程中，技术落后无疑是一个明显的劣势。任正非感慨万千：“华为成立之初十分幼稚，选择了通信产品，没想到一诞生就在本国遇到了最激烈的国际竞争，竞争对手是拥有数百亿美元资产的世界著名公司。”但是，华为在面对强大的竞争对手时并没有退缩，而是奋起直追，加大对产品研发的投入和开发。经过多年的努力，华为的产品已经在市场上拥有了相当强的竞争力，公司客户也遍及亚洲、非洲、欧洲以及美洲。但是，任正非清醒地意识到，在电信基础技术研究领域，中国企业是没有优势的，以前没有，现在没有，但将来可能会有。在现阶段，华为的生存和发展，除了继续在产品上不断创新之外，优良的管理和良好的服务必不可少。

早期任正非更多地把规范化管理等同于制度化管理，或叫标准化管理。尽管规范化管理最终也要落到制度层面上，通过规章制度来实施，但制度化管理远不等于规范化管理。但在随后的发展过程中任正非逐渐认识到，规范化管理是针对中小企业管理的随意性大、许多流程没有制度、标准而言，企业要引入现代管理制度，把人治变为法治，从主观到客观，必须建立管理的标准体系。建立这些标准体系的一系列活动就是管理的规范化。规范化除制度化外还需要几个方面的配合，规范化企业不能做什么是一种方式，企业应该怎么做才是实质，这是企业规范化的核心，但还需要流程化、标准化、表单化、数据化来配合，才显得制度化是完整的规范化。早期的成功做法应保留下来，一些历史数据应保留下来做考核依据，将内部的做法进行总结、提炼，完全从外部导入一些制度对企业是没有好处的。

目前，中国企业仍处在职业化管理的初级阶段，许多企业都希望通过管理体系的规范化、标准化来推进职业化管理。

正如盖房子要先打地基一样，企业管理的地基就是规范化管理。作为企业管理地基的规范化管理如同6根支柱的6个系统构成，只有把这6根支柱深深地打入“地下”，企业大厦才会稳固。规范化管理的6个系统分别是：战略规划的规范、程序流程的规范、组织结构的规范、部门岗位设置的规范、规章制度的规范、管理控制的规范。

企业规范化管理，也需要制度化，也需要标准化，但它的重点在于为企业构建一个具有自我免疫、自动修复的机能。也就是说，使企业组织形成一种内在的自我免疫功能，能自动适应外部环境的变化，能抵御外部力量的侵害。并且当企业组织在发展过程中遭遇外部创伤后，能自动地修复愈合，使企业实现持续稳定的发展。或者说，它赋予企业组织一种生命力，让企业像一个生命有机体一样，当企业组织发生创伤和病变后，具有自动愈合、自动产生抗体抵御病源，恢复健康的机能。现实中绝大部分走向衰落的企业，之所以会因为很小的挫折就分裂解体，其原因就在于它没有这种自我免疫和自动修复的机能。

让制度和管理说话

在华为员工的心目中，特别是工作时间长达十几年的员工心中，总裁任正非就是华为的灵魂和英雄，“没有任正非，华为的前瞻战略肯定会大打折扣”。但任正非不这么想。“华为不需要英雄，”任正非经常讲，“一个没有英雄的公司是一个最好的公司。过去是靠英雄打下这份基业，现在是靠流程、靠平台，不再是靠一个能人。”正如任正非所说：淡化英雄色彩，特别是淡化领导人、创业者的色彩，是实现职业化的必然之路。

任正非从来不否认与华为一起打拼了20多年、见证华为点滴成长的老员工们，是华为的英雄。但与此同时他还强调，没有哪个员工可以凭借着过去的贡献而自居为华为的英雄，影响甚至阻碍华为的进一步发展。华为需要每一名员工都有着成为英雄的信念和向英雄学习的精神，但这并不代表个人英雄主义可以在华为扎根。华为想要在国际市场中稳稳地占据一席之地，就必须不断淡化英雄主义色彩，一切让制度和管理说话。

“以前我们还有家传秘方，比如说爷爷打菜刀打得很好，方圆五十里都知道我们家菜刀好，然后孙子继承了爷爷的手艺。在方圆五十里我还是优秀的铁匠，就能娶到一朵金花。那现在铁匠还行吗？现在经济全球化了，人家用碳纤维做的刀，削铁如泥，比钢刀还好得多。你在方圆几公里几十公里曾经流传几十年几百年的祖传，被经济全球化在几秒钟内打得粉碎。”诚如任正非所说，爷爷有着祖传的秘方，是那个年代的打铁英雄，但是现在的我们不能一味地崇拜那个年代的英雄，要不断开阔视野，用更先进更完备的知识和技能装备自己，才能生存下去。

在国际上，职业化水平比较高的主要是美国、欧洲等一些经济发达的国家和地区。目前，我国的职业化状况不容乐观，管理类职业化刚刚开始，这个问题不是出在员工身上，而是在于企业没有一个职业化的体系作为保障。外企的员工职业化程度高，主要是因为他们的管理机制、管理体系比较健全。从现在的情况看，中国的职业化道路至少还要3—5年的时间。

国内企业的组织架构、流程制度、运营管理，主要还是学习和模仿西方企业；职业化的发展，模仿的痕迹同样很重。西方企业强调的职业化素养、职业化行为规范和职业化技能三个方面的职业化核心内容，虽然很多企业都在学，却没有起到预期的效果。原因在于这些企业职业化管理没有根植于中国的传统文化，没有从国人所受的文化熏陶角度出发，抓不住内因，自然很难被重视、认同和接受。众所周知，上班可以锻炼身体甚至洗澡的“自由散漫”的美国人创造了微软、GOOGLE等这样的超级企业；循规蹈矩、沉默寡言、不善变通的德国人拥有奥迪、宝马、奔驰；被上司扇了耳光还得点头哈腰的日本人，也打造出了松下、索尼、丰田等世界级大品牌。换言之，不同的民族个性都可以创造出世界级的品牌。中国有如大庆“三老四严”“四个一样”的好理念，善于学习的中国人同样可以搞好企业职业化，打造出世界级的好品牌。

消肿，以最少的人力获得最好的结果

企业要发展就要避免臃肿，然而中国企业发展过程中，遇到的一大问题就是机构臃肿、效率低下。众多国有企业和部分民营企业在改革前，内部普遍存在机构臃肿、人浮于事、效率低下的问题，减员增效的呼声越来越高。华为也一度面临同样的问题，1998年，经过1997年前后大规模扩招人才，华为员工已经突破8000人，而华为在海外市场上的业绩仍然没有多大的起色。这导致华为人均效益的下降，任正非认为，如果效益无法提高，利润无法获得增长，那么现行的工资将无法维持，减员增效势在必行。

在访问了美国、日本和德国等国家的先进企业之后，他深深感到与世界先进的管理体系相比，华为还有很大的差距，如在绩效管理时最容易犯的错误是只关注绩效结果，不关注绩效改进，在对新员工与老员工进行绩效评定时尤其突出。老员工由于本身任职能力强，产出多，但可能相当长时间没有进步；新员工由于来公司时间短，产出少，但进步大。对这种情况有些主管只比多少，不比进步，打击了员工不断改进的积极性。

华为采取如下方式改进绩效：首先，分析员工的绩效考核结果，找出员工绩效中存在的问题；其次，针对存在的问题，制订合理的绩效改进方案，并确保其能够有效地实施，如个性化的培训等；再次，在下一阶段的绩效辅导过程中，落实已经制订的绩效改进方案，尽可能为员工的绩效改进提供知识、技能等方面的帮助。

华为的市场部曾经被任正非盖上“无能”的标签，因为其办事效率低下，且过于依赖他人服务，掌握不了程序化、系统化的工作方法。任正非认为，对事负责和对人负责是两个不同的概念。在华为的发展过程中始终存在一批干部，习惯于事事向上级请示，也就是任正非所说的“对人负责”。对人负责的态度造成华为的机关部门一定程度上人事臃肿，办事效率低下。对此，任正非强调，要建立以流程型和时效型为主导的体系，即对于已经有规定，或者成为惯例的东西，不必请示，直接通过。

针对市场部，任正非规定“从明天开始，市场部把多余的干部组成一个数据库小组，所有数据只能向这个小组要，不能向办事处要，办事处一定要给机关打分，你们不要给他们打那么好的分，让他们吃一点亏，否则他们不会明白这个道理，就不会服务于你们，使你们作战有力”。

企业减员增效是指通过持续重组和深化用工制度改革，使员工总量逐年减少，员工队伍素质逐年提高，员工队伍结构逐步趋于合理，人工总成本得到有效控制，劳动效率有较大幅度提高。

企业减员增效有两种主要形式，一是精干主体、分离辅助，即将企业非生产部分和间接辅助部分从企业主体分离出去，面向社会，创收节支，独立核算，自负盈亏；二是下岗分流、转岗就业，即按合理用工定额，确定主体职工编制，通过竞争上岗，裁减富余人员，使多数下岗职工向非工业转移。

任正非所提倡的减员增效，是指尽可能地发挥每一名员工的能力，以最少的人力收获最让人满意的结果。对于企业来说，是否应采取“减员增效”的措施还应根据企业自身具体情况和所处环境来决定，因为减员有时未必能增效，还需要企业承担一定的风险后果。

举例来说，减员后企业可能要面对这些风险：

首先，是关键人才、重要技术、商业秘密的流失风险。

许多企业在裁员时把注意力集中在人工成本上，对员工能为企业创造的价值视而不见，没能像评估机器、房产、专利等财务资产一样评估员工的价值，结果裁员中丧失了一些对企业的发展富有价值的人才。尤其是结构性裁员中，企业的一些部门甚至整个事业部会因业务调整而被砍掉，大量优秀员工往往随之被解雇，他们所掌握的企业生产管理技术、客户关系、商业秘密随之流失。当企业渡过一时的困难，回头需要扩充人员时，却发现那些具有潜力的员工已为他人所用，企业自身的核心竞争力可以说就削弱了。

其次，是实施操作与内部公平风险。

在裁员目标人员确定、员工总量变化、裁员过程控制、裁员赔偿、裁员方式方法选择实施操作的各个环节和技术上都存在一定风险。如果企业在裁员的政策、规则、标准、程序以及操作上不能公平公正地对待员工，不能维护被裁员工的合法权利，则不仅会造成被裁人员的争辩、反对和联手抵抗；而且最坏的情况是，留任员工自危、焦虑、意志消沉、对企业不信任而士气低迷。有研究资料显示，如果裁员使部门规模缩减一半或三分之二，或使留任员工的工作负荷增加到以前的两至三倍时，员工就会表现出保守、恐惧、畏缩或麻木等消极反应。

再次，是要素资源匹配度低，投入与产出不统一风险。

企业绩效的提升乃是投入与产出的统一，裁员只有在企业经营绩效的稳定或增长时才有意义。在减少人力资源投入的前提下，改进或提高企业绩效的根本路径，得依靠提高人、财、物、技术、信息等要素资源的集合优度，依靠从资源投入到成果产出的转化效率提高。实践中，有不少管理者容易把注意力放在节省人力成本或人力资源使用上，不去花气力相应提高要素资源的匹配优度和资源到成果的转化效率，结果往往陷入裁员先行（或单行），投入与产出不统一，减员难以增效的系统风险之中。

最后，企业软实力受损风险。

许多企业的裁员行为着眼于企业财务资产、资源、技术效率、利润率等硬实力的提升，到头来却往往由于损伤其形象、口碑、品牌、影响力、文化、传统、行为规范、心理契约等软实力而无助其核心竞争力的增强。企业裁员时，应认真把握企业自身一贯奉行的价值观念、管理方式、行事风格、企业文化等软实力。企业降低软实力的损失并不亚于硬实力降低的损失，而且是长时间难以弥补的。

裁员举措在一定环境、条件和时间下，确实能给企业有针对性地摆脱困境带来积极效用，但同时也将给企业留下一些隐患。随着时间的推移，当企业的经营环境和业务情况发生变化，当运营状况超越裁员的原有前提和边界时，它对企业的积极作用就开始降低、扭曲，甚至走向反面。因此，裁员策略往往潜藏着短期脱困与长期发展相冲突的风险。这就告诫我们，无论基于何种原因，裁员决策都应当综合考虑企业的竞争环境、发展战略、产品和服务市场的发展变化需要而做出。

把纪律植在员工心中

2016年，任正非在市场年中会议上说：管理是为了作战。作为中国最有思想，最有号召力、领导力和影响力的人，任正非已经成为中国本土企业家竞相学习的标杆。他的经营管理思想也已经为华为20年来的经营管理实践所证明。

任正非注重员工们的精神建设，也注重企业的文化纪律建设，在任正非看来，业余活动是调节、放松，是为了更好地投入工作，而不是放纵自己，让自己沉迷于低级趣味之中。所以，任正非定了一条纪律：禁止打麻将之类的消磨意志的活动。

有纪律，就要遵守。所以，华为人的业余活动与众不同，据华为员工透露，他们在工作之余的乐趣是：晚上加班饿了，大家就到公司旁边的小餐馆，点上几碟便宜的小菜，再来一碗面条，多数情况下，总是工资较高的领导埋单；工作累了，拿出办公桌下面的床垫睡上一觉，醒来后发现身边多了一位上了年纪的人，没准那人就是任老板；业余时间，大家还会经常一起租个场地踢场足球，包一个电影院看场电影。

古语曰："工欲善其事，必先利其器。"企业要达到商业目的，就必须先构建有纪律的、团结有力的、无坚不摧的团队。团队要想完成任务，就必须磨砺团队中每个成员无比坚强的信念，就必须要求每个成员要用严明的纪律来约束自己。许多员工把纪律视为洪水猛兽，其实它并不那么恐怖。

英国克莱尔公司在新员工培训中，总是先介绍本公司的纪律。首席培训师总是这样说："纪律就是高压线，它高高地悬在那里，只要你稍微注意一下，或者不是故意去碰它的话，你就是一个遵守纪律的人。看，遵守纪律就这么简单。"

在任何一家企业中，“纪律”都应是最为关键的理念、行为习惯和价值观之一，同时也是员工们的第一行为准则。在联邦快递，纪律意识和诚信、自信等早已融入每个员工的血液之中；在微软，纪律这个字眼贯穿着员工们行动的全部；在惠普，没有纪律意识的员工将被无情剔除……恪守纪律作为一种内在的精神、深邃的理念和重要的准则，任何时候都会被企业奉为生命之源，因为伴随着恪守纪律的是企业的荣誉、存亡……

阿尔伯特·哈伯德先生在《把信送给加西亚》中，为我们讲述了一个用行动捍卫纪律的典范：

美西战争爆发时，美国总统必须立即与古巴的起义军首领加西亚取得联系。加西亚在古巴广阔的山脉里——没有人确切地知道他在哪里，也没有任何邮件或电报能够送到他手上。而美国总统麦金莱又必须尽快地得到他的合作。

怎么办呢？

有人对总统说：“罗文可以把信送给加西亚。”

于是总统把罗文找来，交给他一封信。而罗文接过信之后，并没有问：“他在什么地方？”

像罗文这样的人，我们应该为他塑铜像，放在所有的大学里，以表彰他的精神。年轻人所需要的不仅仅是从书本上学习来的知识，也不仅仅是他人的种种教诲，而是要塑就一种精神：恪守纪律，忠于上级的托付，全力以赴地完成任务——“把信送给加西亚”。

加西亚将军已经不在人世，但现在还有其他的“加西亚”。没有人能够经营好这样的企业——在那里虽然有众多人手，但是令人惊讶的是，其中充满了许多碌碌无为的人，这些人无视纪律，要么不情愿去集中精力做好一件事。

平庸的人因为纪律意识比较薄弱，在关键的时刻往往不能遵守纪律。优秀的人则像罗文一样，不管任务有多重，困难有多大，都要用自己的行动捍卫企业的纪律，为其他员工树立行为榜样。

用行动捍卫纪律,是一名优秀员工责任心的最好体现,同时也是一种崇高使命感的集中反映。罗文,是服从纪律的最佳典范。优秀的企业,永远需要罗文——千千万万个恪守纪律的送信者!不言而喻,一个企业拥有具有强烈纪律意识的员工,将是莫大的幸运!企业的昌盛和云蒸霞蔚,追溯到源头,必有一个内核在散发着力量,那就是植根于每个人心中的芯片:恪守纪律!

第七章 走出混沌，激发组织活力

没有功劳，再辛苦也是白做

企业管理中，常常会遇到一些难以拉下情面去处理的问题，如“功劳”与“苦劳”。“没有功劳，也有苦劳”是大家耳熟能详的一句话，大致意思是，虽然没有收获结果，但为这个结果“付出了巨大努力”。每个公司在发展的过程中都或多或少遭受过这个问题的困扰，上至管理层干部，下至基层员工，这个问题只要稍稍处置不当，就容易引起公司人事的变动。

华为公司对这句话是不认同的。任正非说：为客户创造价值才是奋斗。我们把煤炭洗得白白的，但对客户没产生价值，再辛苦也不叫奋斗。两个小时可以干完的活，为什么要加班加点拖 14 个小时来干？不仅没有为客户产生价值，还增加了照明的成本、空调的成本，还吃了夜宵，这些钱都是客户出的，却没有对客户产生价值。

华为只承认创造了价值的劳动，不承认没有价值的“劳苦”行为。关于这一点，任正非曾经在对“奋斗”下定义时进行了解释说明：“什么叫奋斗，为客户创造价值的任何微小活动，以及在劳动的准备过程中，为充实提高自己而做的努力，均叫奋斗，否则，再苦再累也不叫奋斗。”

无论何时何地，市场经济肯定以市场为中心，这个目标导向是不能变化的。任何围绕这一中心创造出来的成果就是贡献，这种行为可以称之为奋斗。总而言之，创造了贡献的劳动叫作奋斗。那么，什么是贡献？任正非认为：“并不是所有人都要去调板子、编程序才叫贡献，管理所包含的内容更加丰富、深刻。一个群体在进行工作的过程中，总是要有组织者和管理者，组织者和管理者的贡献是不是一定比劳动者少呢？那是不对的。原则上组织者一定是比实际干活的人贡献大，当然不排除少数专家可以超过管理者。”

同样，低效率的工作行为也是不提倡的“劳苦”行为。华为公司提倡艰苦奋斗，但不提倡一味地埋头苦干，一定要向工作问效率。华为公司是有名的“加班公司”，员工经常工作到很晚，甚至工作、生活不分。对此，任正非指出：“我们不主张加班加点，不该做的事情要坚决不做，这方面的节约才是最大的节约。算一算研发开发出来的功能，利用率不到22%，而通信行业电话功能的利用率更是不到1‰，这个世界用来用去还是摘挂机，但我们公司过去就做不好。研发越高级的技术，大家就越兴奋，越去研究，职务和工资也越来越高，简单的技术反而不愿意去研究。如果我们减少20%的无效工作，那么既节约了成本，也不用加班加点。”所以，任正非认为，看一个人是不是艰苦奋斗，并不一定要看加班记录，一个天天加班的员工可能是艰苦奋斗的金牌员工，但也有可能是效率低下的边缘员工。所以，加班记录只能从一个角度反映工作态度问题，评判的时候要杜绝这种形而上的思路。

对于这种不产生贡献的行为、个人以及组织，华为公司的态度是：要提高管理效率，不要为加班而加班，不要搞形式主义；要将为客户提供有效服务作为我们工作的方向，作为价值评价的标尺。不能为客户创造价值的部门为多余部门，不能为客户创造价值的流程为多余流程，不能为客户创造价值的人为多余的人，这些不能对客户产生贡献且专门搞假动作的人员要坚决清退。

不让“雷锋”式员工吃亏

作为企业领导者，经常会面临一个问题：因为奖励，员工抱怨，认为不公。那么该如何奖励才能达到应有的效果呢？

发“红包”是人力资源管理中普遍运用的一种激励手段。在发放过程中，人事干部的技巧高低，效果截然不同。处理得体，将会给员工们添加“活力”，并且使企业的凝聚力增加，竞争力提高；反之，如果处理得不好，则会事与愿违，适得其反。因此奖金在日常工作中关系到整个组织，甚至每个人的切身利益，显得十分敏感。

奖金应与企业经营状况挂钩。两者的关系应该成正比。即经营状况不好，不能多发；经营状况好，则不应少发。这样，可以让员工感觉到个人利益和企业利益是一致的，必须和企业同甘苦、共命运。只有通过大家努力，企业效益上去了，个人才会得益。切忌颠倒上述关系。

有这么一个外资企业，经营状况相当好，年度创利大增，而且还有不少新的拓展计划，但是在年终发“红包”时，总额比上年减少一半。据说是年终银根紧，方方面面都要结账，新的拓展计划又占用了不少资金，所以要求大家咬牙关。当“红包”发下去以后，员工们反应很强烈，他们直观地认为“经营越好、奖金越少”“企业越发展、员工越倒霉”。这一减少，离散了员工和企业的关系，大家马上产生一系列想法：还要不要努力工作？是不是该跳槽了？结果，该企业春节后不少员工在外面找方向，仅一个月内销售部就有4名员工辞职。

任正非对员工激励有自己的方式，华为公司奉行“绝不让雷锋吃亏”的政策，坚持以物质文明巩固精神文明促进千百个雷锋不断成长，使爱祖国、爱人民、爱公司、爱自己的亲人与朋友的一代新风在华为蔚然成风。华为公司明确指出，员工在公司改变命运的途径有两个：一是奋斗，二是贡献。员工个人的奋斗可以是无私的，而企业不应让雷锋吃亏。任正非也强调，要给创造利润的人涨薪：“我们要培养商人，不是培养教授，不要搞学术论文。我们的价值评价体系要调整，涨不涨工资要看你是否为公司创造了利润，而不是看你的学术论文有多好。”在华为的薪酬制度框架内，能力主义的极致就是“业务尖子也可以拿高待遇，甚至比总裁还高的待遇”。

这种向优秀员工的极致倾斜，其目的在于比照价值的贡献，拉大人与人之间的差距，形成火车头效应。让火车头加足马力起带头作用，前提就是给火车头加满油。任正非指出：“我们还是要敢于打破过去的陈规陋习，敢于向优秀的奋斗者、成功实践者、有贡献者倾斜。在高绩效中去寻找有使命感的人，如果他确实有能力，就让他小步快跑。差距是动力，没有温差就没有风，没有水位差就没有流水。我主张激励优秀员工，下一步我们效益提升就是给火车头加把油，让火车头拼命拉车，始终保持奋斗热情。”

华为公司这种“给火车头加满油”的做法，其实也就是市场经济中“效益优先、兼顾公平”的做法，倒过来“公平优先、兼顾效益”，这个社会就要垮掉了，因为没有火车头了。社会要富裕，必须有火车头拉着跑。火车头拉的时候，就要有动力，这个动力就是差异。为了维系这种动力的源泉，华为公司仍将在很长一段时间里继续坚定不移地贯彻倾斜政策，向市场人员、开发人员倾斜，保证作战的人受益最大。

满足，不等于全盘接受

任正非在PIRB产品路标规划评审会议上说道：我们以前做产品时，只管自己做，做完了向客户推销，说产品如何的好。这种我们做什么客户就买什么的模式在需求旺盛的时候是可行的，我们也习惯于这种模式。但是现在形势发生了变化，如果我们埋头做出“好东西”，然后再推销给客户，那东西就卖不出去。因此，我们要真正认识到客户需求导向是一个企业生存发展的一条非常正确的道路。

客户需求是企业发展的一个重要因素，那么是不是顾客所有的需求我们都需要满足？让我们看看下面这则例子：

某项目，华为产品首次进入该地区。当华为满怀信心地在承诺的时间、按照需求规格说明书提供了软件版本后，客户的测试报告显示该版本依然存在65项Remark（待修改）。之后，根据客户“车轮式”的测试报告不断推出新版本，每当消除了一批Remark，又出现了一批，版本长时间无法满足客户商用要求，结果严重影响了客户业务开展，客户非常不满。

公司专门指派项目经理负责该项目。项目经理到现场第一天就发现：

客户某些部门在版本测试过程中,不仅找旧版本Bug,还不断提出新需求。尽管当时开发部门已经认识到“边设计,边修改,边开发”是版本质量的“第一杀手”,但苦于无法说服一线,更无法影响客户,只能在痛苦的深渊中挣扎。

在客户线的配合下,公司与客户达成协议:冻结现有需求,提醒客户内部要建立需求管理机制,新需求必须经过内部审核;客户定期给华为提交经过审核、确认的后续需求,华为定期规划版本。

情况似有好转,但仅仅几天,研发就向项目经理诉苦:“客户又提新需求了,事情没法干了。”

原来,项目经理发现现场技术负责人偷偷在已冻结的需求列表中增加了一项新需求,问他为什么,他说是某些客户坚决要求的。项目经理说已经与客户管理层达成一致意见了,对非正式需求要过滤,不能一概接受。这位技术负责人看到PM(产品经理)态度坚决,就说:“这样会影响客户满意度的。”项目经理表示:“影响客户满意度,我负责。”

严格执行规定20多天后,客户对版本测试结果非常满意,一个月后,同意项目初验。随后,华为也顺利获得客户发出的新合同。

其实,真正的客户满意不是说我们是否顺从了客户意愿,而是说我们是否与客户达成了一致意见,是否能够帮助客户及时、有效地开展业务,是否给客户创造了价值。

华为公司认为:以客户为中心实际上是一个辩证的关系,就是要挤出公司内部最后一滴多余的成本,成就客户的成功,从而成就公司的成功。这个过程中,就是要以客户的需求为命令,快速响应客户需求,为客户做好服务。要以服务来定队伍建设的宗旨,以顾客满意度作为衡量一切工作的准绳。这是华为以客户为中心的出发点。

为客户服务也要一分为二地来看待。因为服务本身需要巨大的投入,而巨大的市场也使服务本身成了一种产品。随着国内电信市场的蓬勃发展,网上设备容量不断增加,设备技术复杂程度不断加大,华为公司过去推行的触发式保姆服务已经不能满足用户日益增长的服务需要，而且公司的客户服务工作也承受着越来越大的压力。完全推行无偿服务既增加了企业的运作成本，也降低了服务的质量。华为公司认为，必须在公司与客户之间建立一种基于双方互利互惠基础之上的全新服务模式，从而使华为公司适应现实的发展和未来的需要，并且为用户提供更多的服务选择。

为此，华为公司进一步明确了客户服务工作的建设方针，在服务专业化、标准化、规范化的指导思想下，开展“有偿服务”，并将公司的服务划分为“维保服务”与“专项服务”两大类。维保服务指的是维护保障服务，是华为服务工作的重中之重。这项服务是华为公司为保障网上运行设备正常运行或出现故障后快速恢复正常运行的多种服务的总称，是华为公司与用户共同维护设备的一种服务模式。它是通过订立服务合同的方式提供的，不仅明确了双方的责任和义务，而且使服务的内容更加具体，其交付也更易于监控。专项服务是指升级和其他增值服务。

华为公司将维保服务打包发给客户，客户根据自身的需求进行选择，并缴纳相应的费用。缴纳费用，意味着华为公司与客户之间的维护保障服务合同订立，华为公司将与用户共同维护设备。这一做法不仅改变了运营商过去独力承担来自终端用户巨大压力的状态，也系统且针对性地提升了用户维护人员的技术水平，使用户的维护支出变得更加透明可控，解决了用户关心的问题，从总体上保证了客户的利益，实现了客户的需求。

激励要用最有效的方式

纵观早些年的战争题材电影，不难发现这样的场景：军队在冲锋的时候，如果长官高呼一声“冲啊！冲上去给二两大烟土”，下面的士兵就会像打了鸡血一样充满斗志，要是长官再大方点，喊“冲啊！给三两大烟土”，那士兵估计连命都可以丢掉了。在那个特殊年代里，药品匮乏，烟土便成了战争中的有效“止疼药”与“解乏品”，发“烟土”自然就成了激励士气最有效的方式。

2014 年 8 月 19 日，任正非在华为人力资源工作汇报会上的讲话中也提到了要给“跑到最前面的人二两大烟土”，意思是公司里绩效好、表现突出的奋斗者们，都应及时拿到相应且丰厚的回报。正因为“烟土”管用，加上华为不差“烟土”，所以任正非选择了这样一个最直接也最见效的方式。

首先是逐步实施岗位职级循环晋升。华为的薪酬向来在业界颇具竞争力，此番调整中，任正非提议不再对现有的薪酬标准做变动，而是调整个人职级，原则上以岗定级，但不僵化，脱岗定级也是可以尝试的。比如今后也许存在少部分没岗位的人员，只要够优秀，有使命感，有创造力，也是可以评个人职级的。定个人职级是为了推动岗位职级循环晋升。如原来 20 级的组织中，做得优秀的那 30%可以转到 21 级，每 3 年转一圈。每年拿 30%优秀部门来评价，如果明年这个岗位还在先进名单里，就更先进了，还要涨。落后的没涨，就会去争先进。这种方式可以逐步拉开优秀员工与一般员工之间的差距，提高优秀人员的待遇，让雷锋先富起来，使千百人争做雷锋。

奖励跑在最前面的人，其最终目的还是为了调动全体员工的积极性，进一步提高劳动生产率。员工一定想多挣点，所以公司也要为员工跑到前面创造条件，要用差异化的思维来管理不同的岗位，不能用一套标准去衡量所有的人。对那些特殊专业人才，应采用特殊方式的用工和激励方式，如厨师可以实行提成制，多劳多得，抢着出单，才能促进服务质量的提高；法务、翻译等人群，可保留和激励自己的骨干作战队伍，也可以临时用社会上的资源，比如同声翻译，短期雇用一次，表面上看起来会花不少钱，实际使用起来的总成本还是降低了；文字翻译，只要能及时交付翻译稿件，也可以在家里上班……如果员工在面对“可期望的高薪”时仍旧无动于衷，公司就应该反思一下相应的制度是否存在不合理的地方。

海外薪酬福利要逐步向西方市场化管理看齐，尽量做到简单化。薪酬福利是给前线将士们的“烟土”，是对战斗能力的一种肯定。公司发高薪的同时，也要建立一个制约措施，不能让大家比赛浪费，过多的补贴不一定让战斗力增强，反而可能让员工怠惰。如果发下去的“烟土”起不到激励的作用，就不应该发，或者改成其他形式发。任正非举了一个例子，当时华为鼓励员工去利比亚、伊拉克、阿富汗等地区，但是很多员工不愿意去。为了保障派往这些地区的人数，华为采取了诸多全球化的限制方案，结果不仅没有把人引向阿富汗，还增加了去其他地区的难度，最终还把整个组织都压得喘不过气来。后来，华为为阿富汗、伊拉克等地区专门建立了一套特有的激励待遇体系，以可观的待遇吸引部分员工作出决定，让他们投身阿富汗、伊拉克地区。这些激励体系自成一体，不对其他体系产生影响。这一体系在实际运作过程中效果非常好，那些去了阿富汗、伊拉克的员工很少有想再回来的。如果当时只是发发补贴，根本不会有这么好的效果。

给跑在前面的发奖，让更多的人跑在前面，让发的奖有实际效果，这就真正分配好了价值。

有压力，才能激发动力

如何在市场低潮期间培育出一支强劲的队伍来，这是市场系统一个很大的命题。任正非认为要强化绩效考核管理，实行末位淘汰，裁掉后进员工，激活整个队伍。

“我们贯彻末位淘汰制，只裁掉落后的人，裁掉那些不努力工作的员工或不胜任工作的员工。实行末位淘汰走掉一些落后的员工也是有利于保护优秀的员工，我们要激活整个组织。大家都说美国的将军很年轻，其实了解西点的军官培训体系和军衔的晋升制度就会知道，通往将军之路，就是艰难困苦之路，西点军校就是坚定不移地贯彻末位淘汰制度。”

末位淘汰制是绩效考核的一种制度,是指工作单位根据本单位的总体目标和具体目标,结合各个岗位的实际情况,设定考核指标体系,以该指标体系为标准对员工进行考核,根据考核的结果对得分靠后的员工进行淘汰的绩效管理制度。末位淘汰制有积极的作用,即从客观上调动了职工的工作积极性、推进机构精简等,但也有消极的方面,如有损人格尊严、过于残酷等。

不仅企业与企业之间、行业与行业之间存在竞争,企业内部也存在竞争。任正非说,在华为,员工之间要形成你追我赶的风气,通过竞争上岗,通过竞争定优劣,公司的人才也是通过竞争的方式脱颖而出的。华为实行绩效考核制、末位淘汰制,体现出其强调竞争的特点。同时,竞争也给企业带来活力,提高了员工的工作积极性。

某大型国企的李总最近一段时间心情很差,因为有一个难以解决的问题已经困扰他很长时间了。

李总所在的这家企业以前是省纺织工业厅直属的一家大型纺织厂,五年前虽然改制成为公司,但是内部管理的各项体制还是与原来计划经济时代的一样,突出表现在人浮于事,效率低下,干部能上不能下、员工能进不能出,与此对应的是产品成本居高不下,市场占有率日益萎缩。三年前,李总下定决心改变现行的人事管理制度,在参考了很多国有企业以及政府机关的做法之后,末位淘汰制被当做一件法宝应用于人事管理。该制度规定,每年年底对所有员工进行360度评价,将各部门360度评价中得分排在最后10%的员工进行淘汰。

第一年末位淘汰制的实行,李总感觉效果很明显。一大批平日里表现不好的员工得到处理,员工的工作积极性有了很大的提高,公司在市场上的表现有很大起色。

但是随着末位淘汰制的实行,一些怪现象不断出现:

1.干活越多的人,出错的几率越大;越坚持原则的人,得罪的人越多,结果是这两类人年终的评分都很低,按照公司的规定,他们被淘汰了。但是企业里有很多人对他们被淘汰感到惋惜，意见也很大，认为如果再这样淘汰下去，将没有人敢说真话了。

2.公司销售部门在不利的市场环境中努力拼搏，取得了非常好的业绩，很难从中选出最差的10%；即使选出这10%的员工，李总也觉得他们不应该被淘汰，但最后10%的员工被淘汰是整个人事制度改革的核心内容，李总感到左右为难。

3.被淘汰的员工到处喊冤，认为自己被淘汰是因为评价中存在着不公平现象，很多工作表现比自己差的人由于人缘好或者是会讨好领导，反而排名很靠前。

4.公司的人力资源配置本身就不合理，有的部门缺人，有的部门人浮于事，由于采用“一刀切（各部门都按固定的比例）”的末位淘汰制，使得缺人的部门更显人力不足，人浮于事的部门可能依旧存有富余人员。

5.公司的有些部门和人员（尤其是拥有企业管理职能的部门、岗位）为了证实自身工作的重要性，避免进入被淘汰之列，经常进行一些不必要的检查工作和各类活动，使一些直接为企业创造财富的部门不得不分心应付，耗费了这些部门的人力、物力，使企业的整体效率受到影响。

李总陷入困惑中，到底该不该继续实行末位淘汰制？

在案例中，李总所在的企业于实行末位淘汰制的初期取得了很好的效果，但管理上的任何单一技术都不会是解决企业所有问题的灵丹妙药。随着企业所处的发展阶段的变化，以前证明是合适的制度也会变得不合时宜。

首先，在原则上——“末位淘汰制”对参与排序的员工规模是有要求的。在一个组织中实施末位淘汰法的前提是，企业员工的素质和表现符合统计学中的正态分布——大多数人表现是中等，表现很好和表现不好的人都是少数。这种分布在统计对象数量巨大的时候是成立的；但是，有些部门的员工数量不多，员工的表现不符合正态分布，可能大多数表现很好，或者相反。正如案例中的销售部门，该部门员工的表现都很好，并不存在表现很差的10%。既然这样，就不应该人为地硬性找出10%的“最差”。

其次，“末位淘汰制”对岗位特点是有要求的，不同岗位的工作内容的特点（包括技能要求、员工经验积累等）是不同的。在人员配备、岗位配置、机构设置已经非常合理的企业，当我们淘汰一批人以后，还要从外部人才市场或者企业内部人才市场招聘到同等数量的员工。通常，我们很难保证新招进来的人更合适。加上招聘成本，这种“换血”多数时候是得不偿失的。比如研发部门的员工，都要经过公司较长时间培养才能开始为公司作贡献。在公司外这种人才很少，不太可能像一些低技能要求的岗位，例如生产线上的操作工那样很容易找到人。因此，末位淘汰制更适用于一些低技能要求的岗位。

再次，360度评价不宜作为末位淘汰的主要依据。国外的企业往往是将360度评价用于员工培训与技能开发，而不是直接与淘汰和薪酬挂钩。很多企业的360度评价标准不准确，主观性随意性太强，结果导致绩效考核的结果与实际情况发生较大的偏差，搞得上级不敢管下级，或者是大家之间彼此猜疑，人际关系复杂，工作效率很低。总之，360度评级并不适合用作末位淘汰的依据。

最后，“末位淘汰制”仅适用于一定阶段的人力资源现状，也就是说，这种方法适应于某个特殊的员工群体。比如企业创业之初，管理上比较混乱的时候。

管理要讲适用不讲最佳，对于一些员工素质较为一致的企业，末位淘汰制可以激励员工，从而提高工作效率，根据企业具体情况制定“末位淘汰”的相关要求，能够有效地保护并激励优秀员工，并促使全体员工更加努力、上进。

第八章 有眼光的人有未来

领导者必备要素：能力和责任感

任正非不是一个技术专家，这早在华为成立之初就是人尽皆知的事实。但他从不认为这是劣势。相反，他认为这恰恰是他的优势，因为他坚信，他的组织才能加上其他高管和员工的IT背景，定能创造奇迹。任正非曾说过："我不懂技术，不过我可以让大家朝着共同的目标努力。"他取长补短，求贤若渴，逐步提高华为产品和服务质量，由此赢得广泛赞誉。

在一个企业中，每一个人都扮演着不同的角色，每一种角色又都承担着不同的责任，然而，想要成为企业的领导者，势必要肩负更高的责任。领导者必须清醒地认识到自己的责任，并勇敢地扛起它，才能对自己和企业问心无愧。

作为华为的最高领导之一，任正非就是一个十分有责任感的人。虽然任正非身体一直不好，但为了华为的生存和发展，他一直身体力行。从1992年开始，任正非就多次出访各国，探寻国外成功企业的经验，他多次在冬季出访俄罗斯，远赴德国、美国，一边承受由于时差、环境气候等带来的不适，一边还要竭力融入当地的文化大背景中去分析和理解当地企业的经营管理。为了公司的发展，也为了方便和国外企业家沟通，任正非在50多岁时开始学习英语。华为员工经过他的办公室时无不感到一种来自心底的崇敬，当然还有油然而生的紧迫感。

管理学家德鲁克认为，领导者要具备两种要素：出色的能力和强烈的道德责任感。有能力的人很多，但能够成长为优秀管理者的人屈指可数。缺乏优秀的品格和个性魅力，领导者的能力即便再出色，也无法成为成功的管理者。领袖魅力源自工作能力和为人品格。

领导者素质，是指在先天的生理和心理基础上，经过后天的学习和实践锻炼而形成的，在领导工作中经常起作用的那些基础条件和内在要素的总和。对于一个企业来说，好的领导者就是其支柱，所以，人员素质竞争中关键是领导者的素质。

正如任正非所言，一名员工成为领导的前提，是为企业奉献的精神和对企业负责任的信念。不负责任的人，即使知道一份工作来之不易，还是会用一种敷衍的态度去工作，马虎执行，不求品质。原因在于，他们都没能懂得一个道理：责任，不单是为了老板，更为了个人的成功，缺乏对工作负责的精神，就永远没有能够执掌大任、自己成为领导的一天。

一家公司有三个大分厂，一分厂历来管理基础较好，但规模较其他两个分厂小一些。一分厂的厂长姓林，正是在他的经营下，一分厂才有了良好的业绩。

后来，董事长决定调林厂长到三分厂当厂长。

三分厂是公司规模最大、设备最先进、管理却最混乱的一个分厂。之前已经有好几个厂长去那里，都无功而返。因此，得知调动消息时，林厂长心中颇感为难。

思量再三，林厂长还是答应调往三分厂。

半年多的时间过去了，林厂长身先士卒，全心投入三分厂的工作中，原来最混乱、生产能力最低的三分厂，一跃成为整个公司的生产管理标杆区，各项指标均占据首位。

董事长决定把三分长的经营管理权下放给林厂长，并给他年薪80万元。林厂长原来的工资，每月只有5000元！

企业领导者素质是一个主观修养适应客观需要的问题，是一个动态性的问题。企业所处的时代不同，面临的任务不同，对领导者的素质要求也不同。领导者的素质对企业的经济效益有很大影响，领导者的素质好、水平高，可以提高领导者的影响力和号召力，把领导工作搞得更好；领导者素质的好坏关系到事业的成败，可以适应万变的市场，充分施展自己的聪明才智，带领职工更好地搞活企业。但实现这一切的前提，是领导者对企业奉献的精神。一个人如果没有对企业和对员工负责的态度，即使再有能力也无法胜任领导者的工作。

有做大做强的雄心，也有做久的胸怀

由于信息的广泛传播，人们的智力得到更大的开发和更大的解放，能够创造出更多的新产品和新技术来服务于这个世界。信息网络的加速庞大，使得所有新产品和新技术的生命周期越来越短。不能紧紧抓住机会窗短短开启的时间，获得规模效益，那么企业的发展会越来越困难。

在任正非看来，公司的扩张必须充分考虑公司的供应链系统，包括售后服务、制造体系等。供应链系统是一个整体，任何一个环节出错，都会给企业带来灾难。所以，在各方面的体系还不够完善的条件下盲目扩张无异于自杀。有计划、不盲目的扩张能够成就企业霸主，无节制、一味追求速度的扩张则很可能是浩劫的开始。过快的发展速度，会给企业带来很多的不确定性因素，企业就会处在不稳定的局面。

因为发展太快就一定有漏洞，有后遗症，而这个问题并不是靠经营者的能力可以完全解决的。因盲目扩张而倒闭破产的企业不胜枚举，如德隆集团、亚细亚、安然公司等。德隆是一个拥有270亿元资产，超过200家企业的大集团，它参与了十几个产业的经营，横跨一、二、三产业，从农产品加工到金融、证券、飞机厂，走上了一条风险极高的扩张之路；再看亚细亚，它的破产同样是因为无度扩张；还有美国著名的安然公司，也是由于盲目扩张而破产。所谓兵马未动，粮草先行，强调的就是各个环节的协调一致。

企业生存和发展的目标可以归结为相互关联又不等同的三个词，即“做大”“做强”和“做久”。绝大多数的经营者只有做大做强的雄心，却没有做久的胸怀和格局。

任何一个企业都需要长久发展的策略。对国内外所有百年企业的发展分析表明，这些企业之所以能够超越固有的企业寿命周期，是因为在长达百年的历史中一直处于相对稳定的成长期和成熟期,能够保证企业在上百年的时间中持续生存和发展。

物壮则老,大器晚成。想长久发展的企业经营者们一定要明白这个道理。

2005年年初,五谷道场在品牌价值上出奇制胜,“拒绝油炸、留住健康”“非油炸、更健康”等理念让五谷道场迅速占领市场。

上市前3个月,五谷道场就在各城市选择高档社区、写字楼、学校、车站码头、交通要道进行大规模免费派送。五谷道场开始红遍中国,上市当月即获得600万元的销售额。半年后,五谷道场市场全国铺开,每月回款达3000万元左右,公司上下无不陶醉在这迅速的胜利之中。五谷道场不断扩大销售队伍,增加产能,加大广告投入,同时在全国30多个城市设立办事机构,半年内员工数量一度扩展到2000多人。原本仅有几十个人的北京本部,竟然在很短的时间内建立起一支近千人的销售团队。

但这时的五谷道场已经埋下隐患。其财务控制过于粗放,严重透支了企业资源。“我们是中型企业在做大型企业的事情。”掌舵人王中旺也曾对媒体承认,“我们已经投资了4.7亿元,仅广告费就支出1.7亿元。”真正形成现金流的只有3亿元,这使得五谷道场的现金流开始吃紧。2007年中期,五谷道场在全国各地超市相继出现断货现象,五谷道场这个品牌逐步退出市场,中旺集团只好吞下失败的苦果。

企业的生存和发展同样重要,扩张和稳定需要平衡。经营者的责任就是巧妙地把握住这两种力量之间的动态平衡,促使企业在扩张的过程中保持稳定,在稳定的基础上进行新的扩张。

质量好的车才能开得快。以德国汽车品牌举例,奔驰为人所称道的高质量不仅体现在发动机系统上,还体现在刹车系统上。驾驶者驾驶奔驰汽车的时候可以很放心地提高速度,因为良好的刹车系统让驾驶者没有后顾之忧。但当驾驶者开刹车性能一般甚至相对较差的汽车时,一定不会开得和奔驰车一样快,因为一旦车速过快则很难刹车,容易造成危险。也可以说,没有把握停下来的人跑不快。

在企业界长期存在着一种企业经营的悖论，认为企业的成功就是要以最快的速度把规模做大做强，这是一种思想误区。最近几年国际国内企业的并购和投资热潮证明了这一点，有许多企业一并就死，一投就伤。

有人曾经将竞争比做老虎，企业在发展的过程中，如果停下来，就会被老虎吃掉，但若马不停蹄地赶路，则可能因为精疲力竭而倒下。因此，企业领导人必须平衡好这两者之间的关系，控制好企业前进和发展的速度，既要防止太慢被老虎吃掉，又要防止奔跑太快而摔倒，保持冷静的头脑，经常审视企业前进的速度，把握好稳定与发展的度。

让自己升值，才能赢得更大的空间

升职，是每一个身在职场中的人所梦寐以求的。但我们不应该仅仅看重升职带给自己的更多的薪水，更要看中增加薪水背后自己应当承担的更多的责任。而要更好地承担这些责任，就需要我们具备更多的能力，要能够为公司创造出更多的价值。学习则是提高一个人价值的最重要的途径，这就意味着我们必须“日知一新”，不断提升自己的价值，为自己赢得更好的平台施展才华。

清华大学博士杨玉岗1998年刚进入华为的时候，领导安排他从事与电磁元件相关的工作。他当时想不通，有一种不被重用、被埋没的感觉；认为自己是堂堂的电力电子专业博士，理所当然应该干项目，而且应该干大项目，结果却让他干电磁元件这种“小事”，既无成就感，又无发展前途，而且只能用到他所学专业知识中很小的一部分。他觉得不值得为“电磁元件这种小事”付出时间与精力，不值得去坐这种冷板凳。当时他只是出于服从领导的分配而硬着头皮勉强干上电磁元件这个“不起眼”的行当，但是随着他后来工作的经历和体验不断增多，他越干越发现，电磁元件虽小，里面却有大学问。在2000年的时候，在二次电源产品线和中试部及工艺部领导的支持下，他完全承担起该项目，经努力实践和探索，取得了初步成果，并申请了专利。

在成为公司的市场部经理之后，李凡很快就对自己的工作有了一个正确的定位。李凡认为一个优秀的市场部经理必须具备以下四种基本素质：第一，具有营销策划的能力。第二，具有品牌策划的能力。第三，具备产品策划的能力，也就是要具备从一个产品的设计、立意等方面配合产品的营销主题。第四，具有对市场消费态势潜在性的分析能力。后来，李凡又认真研究了大多数公司对市场部经理的更高要求，他觉得自己应该在目前的能力基础上进一步学习，以提升自己的工作能力。通过几年的认真学习和实践锻炼，李凡终于如愿以偿地成了公司的市场总监。他为公司的市场营销工作作出了极大的贡献，但即使在担任公司市场总监以后，他仍然在不断充实自己。

李凡的例子告诉我们，当你选择了一个行业，并且进入一家公司开始你的事业之路时，你就应该知道自己要以什么样的高度开始自己的事业，并且需要哪些知识来开拓自己的发展空间。只有先让自己升值，才能够为自己赢得更大的发展空间。

有不少管理学家认为21世纪是学习力竞争的时代。21世纪的文盲，不是不识字没有文化的人，而是没有学习能力的人。现在人们的智力水平相差无几，但行业竞争日趋白热化，怎样才能在竞争中立于不败之地，答案只有一个，那就是要不断学习。企业要不断学习，建立学习型组织，提高应变能力；企业的员工更要不断学习，学习各种专业技术以及协调人际关系的能力。

树立伟大的价值观

“我们培养员工从小事关心他人，关心自己的亲人，帮助我们的亲人就是帮助我们的国家。有良好的个人修养，才会关怀祖国的前途。华为的企业文化是建立在国家文化的基础上的。只有站在国家的高度去思考问题，才是真正的中国人。”

任正非注重员工价值观的培养，在《华为基本法》中，有这样一段话：“爱祖国、爱人民、爱事业和爱生活是我们凝聚力的源泉。责任意识、创新精神、敬业精神与团结合作精神是我们企业文化的精髓。”在任正非的许多文章中，字里行间都能感受到他对国家的热爱，对事业的执着，对于家庭的重视，对于长辈的尊敬。古代对于成功的人一般用立言、立德、立功三方面来概括，我们可以说，在“立言”与“立功”方面，任正非的成就已经众所周知；而在“立德”方面，任正非同样做得十分出色。

任正非说：“华为及其员工一直把爱祖国、爱人民、爱党作为自己的企业文化，把国家前途、民族命运、企业的兴衰、个人得失、家庭幸福看成一条生命链。我们倡导全体员工除了努力提高自己企业的核心竞争力外，积极参加各类社会活动，支持社会进步的各项举措，提高自己的精神素养；积极关心国家，支援希望工程；积极参加抢险救灾，热情捐赠；积极帮助贫困学生完成学业……”

在《我的父亲母亲》中，任正非写道：“回想起来，革命的中坚分子在一个社会中是少的，他们能以革命的名义，无私无畏地工作，他们是国家与社会的栋梁。为了选拔这些人，多增加一些审查成本是值得的。而像父母这样追随革命，或拥护革命，或不反对革命的人是多的，他们比不革命好，社会应认同他们，给以机会。不必要求他们那么纯洁，花上这么多精力去审查他们，高标准要求他们，他们达不到也痛苦，而是要精神文明与物质文明一同来支撑，以物质文明来巩固精神文明，以一种机制来促使他们主观上为提高生存质量，客观上是促进革命，充分发挥他们贡献的积极性。我主持华为工作后，对待员工，包括辞职的员工都是宽松的，我们只选拔有敬业精神、献身精神、有责任心、使命感的员工进入干部队伍，只对高级干部严格要求。这也是亲历亲见了父母的思想改造的过程，而形成了我宽容的品格。”在这里，任正非写出了自己品格的宽容的一面，他是一个充满温情、感情丰富、素养深厚的人。任正非意识到，“是党和政府营造的宏观发展环境，是客户多年来给予的理解和帮助，才使华为从幼小的树苗成长到今天的规模和水平”。华为是懂得感恩的，同样华为也以自己的不懈努力，争取更大的竞争优势，为员工、为社会、为社区、为国家不断创造着贡献。

迈克尔·波特在《战略与社会：竞争优势与企业社会责任的联系》一文中将企业社会责任分为反应型和战略型两种，反应型企业社会责任，是指“企业做好自己的本分工作”，即传统做法；而战略型社会责任，则是“寻找能为企业和社会创造共享价值的机会，包括价值链上的创新和竞争环境的投资”，因为只有通过战略性地承担社会责任，企业才能对社会施以最大的积极影响，同时收获最丰厚的商业利益。

比如，戴尔公司的旧产品回收活动，公益事业宣传是发起募集旧电脑捐赠给非营利组织的活动；公益事业关联营销是当淘汰产品达到3件时，戴尔可以为购买指定产品提供10%的折扣；企业社会营销则是回收旧打印机；慈善活动是员工可以向多个支持项目捐款；社区志愿者活动是员工可以带薪参加社会义工；对社会负责的商业实践是制定的环保原则、政策和目标的产品设计，等等。

企业社会责任在国外已有了很大发展，也有了相当成熟的理论基础，但在国内，因为法律环境尚不完备、社会各方对企业的信任度不高，推行企业社会责任的环境还很不成熟，企业在社会营销过程中面临的难度可能很大。

尽管如此，一个有责任感的企业仍会在明礼诚信、保护环境、文化建设、可持续发展、慈善等方面不断作出努力，这既是社会对企业的要求，更是企业自身存在价值的体现。

志存高远，不以利润为唯一目标

华为公司追求什么？现在社会上最流行的一句话是追求企业的最大

利润率。现在，大多数企业还在为生存而奋斗，利润是企业存在的基础，是企业家不得不面对的现实，追求利润最大化是一种对现实的妥协。而华为公司的追求是相反的，任正非明确提出华为公司不需要利润最大化，只将利润保持在一个较合理的尺度。

追求利润是每个企业都不能忽视的目标，但企业不能一味强调利润，领导者管理企业必然要平衡各种需要和目标，利润只是其中一个比较重要的目标，企业为了战略需要、长远发展，都不会把利润作为唯一目标。过度强调利润，就会使管理者重视短期利益，为了今天的利润，不惜牺牲明天的生存。一个不择手段的企业很难建立信誉、一个只重视眼前利益的管理者也很难取得大的成就。所以管理学家德鲁克把一味强调赢利看成是管理中最愚蠢、最糟糕的办法。

当一般的生意人被问及什么是企业时，他们的答案通常是企业是营利的组织，一般的经济学家也会这样回答。然而，这个答案是非常片面的。利润和获利率并不是不重要，实际上获利率不是企业及商业活动的全部意义，只能算是一个重要的因素。利润也不是所有企业从事活动与决策时的唯一动机，而是检验企业效能的指标。

不以利润为唯一目标，就避免了企业为了追求利润而失去绝佳的商业机会。阿里巴巴的创始人马云觉得一个伟大的公司当然也需要赚钱，但是光会赚钱的公司不是伟大的企业。阿里巴巴最重要的原则之一，就是永远不把赚钱作为唯一目标。他觉得伟大的公司首先能为社会创造真正的财富和价值，可以持续不断地改变这个社会。

很多企业家在刚开始创业的时候，就把为众人服务作为企业的目标。譬如比尔·盖茨，他在创业之初就已经把“让千万人都用得上电脑软件”作为目标；譬如山姆·沃尔顿，他发誓要建立一种既便利又廉价的商业形态，沃尔玛帮他实现了这一理想；再如马云，他刚开始创业的使命就是“让天下没有难做的生意”。当然，光有使命是不行的，必须产生财富，这样，自身创造的价值才可以得到人们的认可。

做企业，既不能指望偶然的机遇，也不能完全靠利润来支撑，新企业只有多考虑未来的长远发展，才能逐渐做大做强。

诚信，让目标远大化

在谈到华为的核心价值观时，任正非说华为这十几年来铸造的就是这两个字：诚信。对客户的诚信，对社会、政府的诚信，对员工的诚信。只要我们坚持下去，这种诚信创造的价值是取之不尽、用之不竭的，要认识到我们花掉的很多钱是要形成未来的财富。我们经过十年的时间，花大量的金钱和精力，在市场上塑造了两个字“诚信”，这是我们的立身之本，是我们的核心竞争力，是华为公司对外的所有形象，这个无形资产是会给我们源源不断地带来财富的。

的确，一个一切以物质利益为基准的企业，是建立不起一个强大的队伍的。君子取之以道，小人趋之以利。作为企业领导者必须使员工的目标远大化，使员工认识到他的奋斗与祖国的前途、民族的命运是连接在一起的。

华为员工到美国洛杉矶出差，发现乘坐地铁买票全部是自助的，除了地铁司机以外，看不到一个乘务人员，没有任何入站检票口和出站检票口，买什么票，买多少钱的票，坐到哪个地方下车，全凭自觉；在酒店结账的时候，服务员并不会去检查房间，只有前台会问有没有消费饮料，然后就可以结账走人；在凤凰城机场取行李时，取行李的地方是公共的，每个人拿了自己的行李就走了，没有人监督检查。这些给华为人上了一堂生动的诚信教育课，而华为公司也一直在提倡诚实、守信。

“国家兴亡，匹夫有责。”中国自古以来都特别强调民众的社会责任，要求每个人都关心国家的命运与前途，积极参与到社会大变革中。对个人如此，对企业亦同样要求。任正非认同这样的做法，同时他主张，华为人首要的任务是做好本职工作，在此基础上为全民族的发展作出自己的一份贡献。

同仁堂的成长，伴随着民族的兴衰荣辱，展现的是儒家文化中“济世爱民”的思想，在其338年的历史中一直小心呵护着自己的金字招牌。

2003年在抗击“非典”过程中，同仁堂每卖出一服“抗非典方”就亏损2元，仅此一项该企业就报亏600万元。“政府发布了限价令，规定每服药只能卖9元；可是药材的采购价格却数倍地疯涨，过去1公斤金银花价格不会超过40元，‘非典’期间却达到300元每公斤。”当时，不少实力不济的药店纷纷放弃销售“抗非典方”，而同仁堂的决策层却告勉自己的员工说：“300多年来我们信奉‘同修仁德，济世养生’的企业宗旨，国家有难之际也是我们回报社会之时。”也正是因为这样的企业精神，同仁堂才有一次次令人钦佩的壮举，才能面对国家与民族的危难而奋起。

李嘉诚说：“资金，是企业的血液，是企业生命的源泉；信誉、诚实也是生命，有时比自己的生命还重要。”信誉是树立品牌的关键点。在当今市场，从牙刷到理财服务，每样东西都已成为商品。由于产品、服务和技术如此易于模仿，企业信誉成为决定顾客购买取向的主要依据。企业卖的是信誉，而不仅是产品。消费者给予企业无任何条件的赞扬，有口皆碑，这就是美誉度。这种美誉度是无价的，是最可贵和最可靠的市场资源。

当市场日益成熟起来之后，市场的选择功能和淘汰功能也随之增大，微利取代暴利，消费者主权取代生产者主权，买方取代卖方，企业只有在社会的认同下、需要下，才能寻求到自己的发展空间；而那些因缺乏诚信而得不到消费者承认的企业和企业家，最终将会被淘汰出局。企业在市场浪潮中航行，诚信营销定会为企业保驾护航。

在进取中获得长足发展

成功使我们获得了前所未有的条件与能力；成功使我们有信心、有实力去系统地克服迅速成长中的弱点；成功使我们有勇气、有胆略去捕捉更大的战略机会，使我们从根本上摆脱过去，获得内在可持续成长的生命力。

任正非认为，跨出国门，成为一家国际性企业是面对危机的必然要求。正如他所说：“我们总不能等到没有问题才去进攻。我们要在海外市场的搏击中，熟悉市场，赢得市场，培养并造就干部队伍。我们现在还十分危险，完全不具备这种能力。若三至五年内建立不起国际化的队伍，那么中国市场一旦饱和，我们将坐以待毙。”任正非目光深远，他不是一个政治家，却有着一个政治家的敏锐眼光，有着一个政治家的谋略与胆识，这正是他能够在市场经济的大浪淘沙中勇立潮头的重要原因。

在他的带领下华为在通信市场上摧城拔寨，研发出一项又一项新的产品和技术，从国际电信大鳄口中抢单，结网式地搜夺人才，并将员工培养成富有攻击性、忧患意识和团队精神的“华为狼”。任正非遭遇过中国社会的数次大变革，始终在经济和政治的动荡间有力生存，终铸大业。

创业初始，国际市场上的良田沃土早已被西方公司抢占，只有在那些偏远、动乱、自然环境恶劣的地区，西方公司动作稍慢，投入稍小，华为才有一线机会。为了抓住这稀有的机会，无数华为儿女离别故土和亲人，奔赴海外。无论是在疾病肆虐的非洲，还是在硝烟未散的伊拉克，或者海啸灾后的印尼，以及地震后的阿尔及利亚，到处都可以看到华为人奋斗的身影。

20世纪90年代，与人民大学的教授一起拟定《华为基本法》时，任正非就提出要把华为做成一个国际化的公司。事实证明了任正非战略家的眼光，在走出去战略的执行过程中，华为除了价格、技术、市场等常规方法，还坚持把紧跟国家的外交路线作为自己的销售路线。任正非明确表示：“中国的外交路线是成功的，在世界赢得了更多的朋友……华为的跨国营销是跟着我国外交路线走的，相信也能成功。”

有眼光的人有未来，任正非是一个有野心的企业家，他一向坚信逆水行舟、不进则退，企业想要活下去就必须不断壮大、不断发展。对待国际化的问题任正非同样表示，走出国门绝对不代表只在国外建设几个工厂，把一些产品卖出去，中国企业应该有更大的野心和更高的追求。

但是很多企业家存在这样的疑问：中国有很大的内需市场，中国市场就是全球最大的市场，我们为什么还非得走出去？光把内需市场做好行不行？

这种想法是片面的。一方面，注重国内市场是必需的，中国本来这么大一个市场，如果在中国这个市场都做不好，走向海外、国际化可能就更是无从谈起；但是另外一方面，国际化是一种趋势，不是说企业想不想走出去，而是必须要走出去，你不走出去，别人会走进来跟你竞争。所谓国际化，并不意味着企业在国外驻扎，员工派驻国外，而是看企业能不能按照一种全球化的理念和规则来运营。从这个角度来讲，所有的企业都应该培养国际化的视野。

国际化对于任何一个国家的企业来讲都是一个痛苦的过程。20世纪七八十年代，日本企业刚进入美国市场的时候，因为对自身定位、对对方市场认识不清楚，也经历过一个痛苦的过程。我们大部分企业，尤其是民营中小企业，对国外的市场不了解，对国外做事的方式不了解，最根本的是还没有完全商业化，这让我们的国际化之路走得很坎坷。但通过不断加深了解、不断进行战略调整我们可以克服这些困难，而一旦克服了这些困难，企业势必得到更好的发展。

另外，国内企业在国际化过程中并非毫无优势可言。首先，金融危机以来传统的发达市场，发达国家的企业，确实遭受了重创，这对中国企业来说是一次机会。中国企业要出去进行兼并收购，国家在资金上、政策上都会给予支持，这也是中国企业目前的优势。

其次，中国本身是一个非常大的市场，以前我们走出去或者寻求合作的时候，对方不一定有兴趣，但是现在如果我们把海外市场、中国市场统筹起来看，中国企业的介入以及合作，就变得非常有吸引力。

国内的企业领导者们应该有着这样的眼光：走出去是必然，而既然走出去，就不能满足于小小的成就，应该有更大的野心和追求。在不断进取中，企业才能得到长足的发展。

第九章　办企业，就是办人才

人才乃取胜之本

任正非说，我们坚持人力资本的增值大于财务资本的增值。我们尊重知识、尊重人才。

办企业就是办人才，人才乃取胜之本，谁获得了优秀人才，谁就拥有了最大的竞争力，其潜力是不可估算的。所以企业一定要注重人才的培养，人才是企业真正的财富。

为解决企业人才培养中的问题，我们提供了以下解决办法：

首先，企业要塑造良好的人才培养环境，改变人才培养理念。人力资源管理的对象是人，管理的核心问题是人的问题，只有按照人的身心特点去实施管理，才能使人“活”起来，最大限度地发挥自身的主动性、积极性和创造性。管理做到以人为本，应该认识的人力资源管理不是简单地“管人”，更重要的是关怀人和重视人。因此，企业应该改变用人理念，真正树立以人为本的管理思想，实行人性化管理，通过服务员工来换取员工的忠诚服务。只有这样才能让员工对管理者信服，才能留人。而留人关键是留心，实行人性化管理。

其次，企业在人才培养中要考虑“双赢”，激发员工的动力。在对员工职业生涯规划上，组织的首要任务是动态地创造职业发展空间，以空间激发员工自我发展的动力，以机制促进组织与员工和谐发展，以培训作为员工发展的阶梯。对于员工的发展，在企业中除了晋升之外，也可以采用工作轮换等其他职业发展方式。毫无疑问，通过培训晋升是职业发展中对员工最有效的激励方式。但事实上职业发展还包括工作轮换、赋予更多责任等其他多种职业发展方式。工作轮换可以有效增加员工的接触面，使员工达到学习新的岗位知识的目的，是一种变相的培训，同样可以对员工起到激励作用。另外，对员工进行职业发展规划时，除以个人工作业绩为基础外，还应综合考虑员工的技能和职业道德水平。以工作业绩作为晋升的唯一依据，很可能做出不恰当的晋升决定。

再次，企业要明确培训的流程。企业的每个岗位都有明确的知识、技能和能力要求，应该根据岗位的要求，明确什么样的培训是企业需要的。也就是说，企业需要的培训，一定要培训；企业不需要的培训，就要格外慎重。同时要明确培训对象的选择标准，企业培训对象主要包括新进员工、转换岗位员工、不符合工作要求员工和有潜质的员工。投资于每种类型员工对企业带来的流失风险是不一样的，应当针对不同类型的员工，在企业中制定选择标准。对每位员工一视同仁，避免培训对象选择的随意性；对于有自发要求培训的员工，提供选择性培训项目。培训虽然存在员工流失风险，但是同时也是吸引高素质员工的一种手段。向自发要求培训的员工，提供选择性的培训，可以提高企业对高素质员工的吸引力。但是，对这部分培训，企业应适当与员工共同承担费用，或者由员工承担费用，培训后给受训者以加薪、晋升作为回报。培训中应全程控制，在培训中，企业应当选择专门人员与培训人员和受训人员保持联系。

留住志同道合的人才能留住未来

人才流失是每一个企业面临的问题，的确，在现在的互联网时代是一个“互相挖人的网络时代”，企业间的挖人行为是一种常态。任何涉足互联网的企业都难以回避这一现实，进入互联网时代的华为也不例外。对此，任正非坦言道：“哪个企业说要IPO，我们的人也会往那儿跑，我们也抵挡不住互联网企业招我们的人。我们常常也是无奈。”

在人才战略问题上，华为表现得毫不含糊。任正非曾经指出：华为公司最宝贵的财富是人才，其次是产品技术，再次才是客户资源。只要拥有一批不断进步成长的人才，华为一定能够做出任何一项技术，也一定能够攻下任何一个客户。《华为公司基本法》中亦明确指出：华为应以“自由雇佣”的形式招聘具有创造性价值的人才，并且要通过“人才增值培训”的方式培养适合华为发展的优秀人才，不断激励华为人创造更有价值的华为品牌。

华为向来注重对人才的培养与挽留。“吸引优秀人才，团结一切可以团结的力量”更被华为视为通往未来成功之路的保证。任正非曾经举过一个例子：“美国为什么强，美国为什么成功啊？美国有啥人啊，美国的原装人就是印第安人，美国就是利用它的机制把全世界的人才拉到那里去，到那里去以后，都在美国生蛋。然后我们反复去说服，你们不要歧视我们中国，我们中国要买你们的高科技啊。好不容易就买了两个蛋回来，一打开才发现是中国蛋。为什么不把中国鸡留在中国生蛋？为什么中国的鸡要跑到国外去？资本为什么要外流？人才为什么要外流？要反思我们有什么不对，我们怎么来留住人才，怎么能吸引人才。”为此，华为开始了企业的组织制度改革，希望为挽留人才创造出更好的环境。

为了更好地留住人才，华为还审视了过去在人才培养方面的误区。华为一度因为“重共性而轻个性”的考核而忽视了适当拉开人才与普通员工间的差距，挫伤了一部分努力创造的人的积极性，导致许多优秀人才流失，所以华为提出了“不要让雷锋吃亏”的思路，通过不断变革，吸引了更多的人才加盟。此外，华为还做了许多尝试，比如“高薪养人”“全员持股”等，这些至今都是广为外界所知的策略。

尽管做了诸多努力，华为仍旧摆脱不了互联网时代的挖人影响。如今，任正非不再将过多的精力花在建立一个能留住人才的激励机制上，因为能留住人的激励机制几乎不存在，能做的或许就是将价值观区分开来，留住那些与华为志同道合的人，毕竟人各有志，华为也不能勉强。任正非将华为的员工按价值观分成了三类：第一类，华为最聪明、最优秀的人，认为自己的个体价值很高，可以投身到另外的领域；第二类，这类员工很聪明，能力也很强，认为外面的公司能够有更大的平台，他们能发挥更大的作用，华为也挡不住这一类人的流失；第三类，华为早期留下的员工都是“傻瓜”，不傻怎么会留下来，慢慢爬到这么高的位置？因为相信华为，所以跟着傻乎乎走到现在。留住了与华为志同道合的人，也就留住了华为的未来。

对于这种现状，任正非打趣地说道：“你看谷歌赚了很多钱，但在中国只招50个人，它的年薪是很高的，我们和他们是有区别的。华为公司以前实际上是三流人才的公司，一流人才、二流人才跑光了，但是我们为什么能胜利，就是因为我们团结，团结起来就是巨大的力量，全世界没有一个15万人的公司，还像我们这么团结。所以说我们无敌于天下。除了胜利，我们还有什么出路可以走的？”因此，高薪是肯定志同道合者的方式，但并不是挽留人才的最佳战术，更不是持久战术。

“总会有人留下来的，总是有人要吃饭的。”冷静看待互联网时代的人才流失问题也是互联网思维的一部分，慌乱之中必有差池。

选用人才，循序渐进

在《华为的红旗到底能打多久》中，任正非说公司遵循人才成长规律，依据客观公正的考评结果，建立对流程负责的责任体系，让最有责任心的明白人担负重要的责任。我们不拘泥于资历与级别，按公司组织目标与事业机会的要求，依据制度性甄别程序，对有突出才干和突出贡献者实现破格晋升。但是，我们提倡循序渐进。

《致新员工书》是任正非亲自执笔，为新入职的员工所写的一篇文章。文章主要讲述了华为公司对新入职员工的几点要求，并对每一位在岗位上奋斗的员工寄予了厚望。20多年来，随着公司的发展，文章内容几度修改，但下面这段文字，是文章从成稿之初至今未曾修改的重要内容之一。

“公司永远不会提拔一个没有基层经验的人做高层管理者。遵循循序渐进的原则，每一个环节对您的人生都有巨大的意义，您要十分认真地去对待现在手中的任何一件工作，十分认真地走好职业生涯的每一个台阶。

您要尊重您的直接领导，尽管您也有能力，甚至更强，否则将来您的部下也不会尊重您。长江后浪总在推前浪。要有系统、有分析地提出您的建议，您是一个有文化者，草率的提议，对您是不负责任，也浪费了别人的时间。特别是新来者，不要下车伊始，动不动就哇啦哇啦。要深入、透彻地分析，找出一个环节的问题，找到解决的办法，踏踏实实地一点一点地去做，不要哗众取宠。”

从中我们可以看出，务实奋斗、循序渐进是华为公司对所有华为人的基本要求，也是华为员工成长的宏观准则，包括但不限于员工晋升、干部提拔等。在这里我们主要讲干部的提拔与置换。

在干部的提拔与置换上，要遵循“先立后破”的原则，即严格按照公司制定的相应原则与标准执行，从总体上保证干部循序渐进式地提升，从而确保干部有充足的时间进行实践提升，加速对业务的了解。通过这种“走出去”的历练方式，能够快速辨别出干部是否适合相应的岗位，如果合适，就要在第一时间提拔，把好钢用在刀刃上。

干部成长应该是“小步快跑”的步调。实践就要给干部相应的职务及权力，让干部能“在其位，谋其政”。在提拔干部的过程中，要综合地就成绩、素质、品德进行考核，在干部资源池里面找合适的苗子，找到就上岗试用一下，合适的就直接任命，不合适的就再历练历练，等合适了之后再追加任命也行。在这个过程中，要先涨职务，后涨薪水，担任职务后还要看能不能胜任。这样一来，既实现了干部的快速选拔，也让更多的干部有了实践的机会去历练成长。

对于特别优秀的人才，要敢于破格提拔。只有加强破格提拔，拉开人才差距，才能避免优秀人才在内部成长的过程中流失。再者，公司的目标是打天下，应该团结一切可以团结的力量，委任一切能够带回战果的英雄。任正非强调：“只要这个人品德上没有问题。我们不会对资历妥协和迁就，战争已经打起来了，我们怎么能耐心等待一个干部的进步呢？”对于破格提拔，首先要看贡献。选拔人才要重实绩，竞争择优，做不好本职工作的，就做不好更重要的工作。其次看责任感，最后看个人奋斗与牺牲精神。三者不可缺失，但要注意权重。

对于因末位淘汰而导致的岗位空缺，也要遵循“总体循序渐进，允许破格提升”的原则进行岗位补缺，特别是重要与关键的职位不能虚位以待，不可因为干部缺位导致业务或管理的停滞。已作出成绩的员工应尽快任命到空缺职位上，以便在实践中进一步观察培养，对于考核合格者应及时予以激励。总体过程遵循“小步快跑”的原则。

给一线人员做决策的权利

“公司主要的资源要用在找目标、找机会，并将机会转化在结果上，我们后方配备的先进设备、优质资源，应该在前线一发现目标和机会时就能及时发挥作用，提供有效的支持，而不是让拥有资源的人来指挥战争、拥兵自重。谁来呼唤炮火，应该让听得见炮声的人来决策。”

让真正能听得见炮声的人去做决策，是任正非的一大管理思想，任正非以惯用的军事化管理方式对华为正在进行的组织结构调整的原因进行了明确的表述：“我们现在的情况是，前方的作战部队，只有不到1/3的时间是用在找目标、找机会以及将机会转化为结果上，而大量的时间是用在频繁地与后方平台往返沟通协调上。而且后方应解决的问题让前方来协调，拖了作战部队的后腿……”

任正非乐意重用刚出校门的学生，因为他们单纯执着、充满激情、不怕吃苦、最肯牺牲，并真诚地相信华为的产品是最好的。在华为的销售人员当中，刚出校门的学生往往比拥有销售经验和丰富人生经历的人做得更成功。“我要保证一线的人永远充满激情和活力！”任正非说。对一线人员期望如此之高，源于华为奉客户关系为至上。对于在非市场化环境中杀出来的华为，这是适者生存的秘籍，并被华为发扬到极致。如今华为与各地用户从高层到执行层密不可分的关系网络,就是这样一步步罗织起来的。

一架飞机正由纽约飞往洛杉矶,客舱里的一块镶板松动了。镶板尖锐的凸起划破了一位乘客的袜子,他把这件事情告诉空中小姐。空中小姐手边没有工具,无法马上修理,于是她把这件事情记录下来,等到达目的地时再向联络办公室的人报告。可是联络办公室里除了一部电话和一套对讲系统以外,也没有工具。这时,空中小姐已经把问题反映上去了,在她看来,自己的工作已经算是完成了。当天下午,报告被送至"相关"部门。半小时之后,该部门又将报告放在技术部一名办事员的桌上。这名技术员不确定自己能否修复,但他并不担心,因为飞机此刻正翱翔在杜百克市(艾奥瓦州东部的一个城市,位于洛杉矶至纽约的航线中途)上方约31000英尺的高空中。于是,他在一本皱巴巴的记录单上潦草地记上一笔:在可能的情况下进行修复。可以肯定的是,他一定会修好那个凸起,不过是在刮破另外10名乘客的袜子之后。

企业越大,组织机构就越复杂,问题向上反映需要经过层层系统,当领导者做出决策后,往往已经耽误了解决问题的最佳时间。一线员工往往更加了解问题所在,因为他们是真正在执行的人。企业想要确保执行效率,想要第一时间解决问题,不妨多给予一线的人员做决策的权力,让真正接触炮火的人来解决问题。

培训员工,提高整体竞争力

华为公司十分重视对员工的培训工作,对有功劳的员工,就给他们更多一些培训的机会。可以说华为除了科研、客户服务等方面的投入之外,对人才的培养与管理方面的投入也是巨大的。华为每年都要从高校招入一大批毕业生,仅1997年华为招入的应届毕业生就有7000人。这些刚毕业的学生有潜力,但缺乏相应的经验,要达到华为的要求,需要一大笔培训开支，且华为员工受训的时间越来越长，也增加了企业的资金负担。员工正式上岗后，华为还为员工提供了具有竞争力的工资待遇。这样的高投入可能短期内无法产生效益，但从长远来看是值得的。

任正非在经营企业的过程中对人才和技术的渴求是极其强烈的。任正非坚持认为，尽管可能暂时增加生产成本，但华为聚集优秀人才、提高人才比重的政策是正确的。而这一点，也为许多大学教授所推崇赞赏。有那么几年，对于几所大学相应专业的大学毕业生，华为几乎是一锅端。这无形中提高了知识力的价值，提高了专业的价值，也提高了大学教授的待遇。

所谓人力资本增值大于财务资本增值，可以解释为对人力资本的投入比例，要超过在公司赢利等方面的投入。在人力资源方面，华为的投入可谓大手笔。

2004 年元旦前，广州大学敲定在大学选修课程中设置关于华为产品的相关课程，由华为免费提供价值 200 万—300 万元的产品设备，学生通过选修相应的课程，可以更加直接地了解到华为的通信产品。作为回报条件，毕业时，华为的合作公司可以从中挑选相应的合格者，这是华为培养后备军的一个途径。这样的培训，每个人的成本接近 1 万元，而这样规模的培训华为每年都要进行成千上万项。据不完全统计，华为每年在员工培训上的支出就有上亿元之巨。

华为公司员工的培训体系包括新员工培训系统、管理培训系统、技术培训系统、营销培训系统、专业培训系统、生产培训系统。华为培训集一流的教师队伍、一流的技术、一流的教学设备和环境为一体，拥有专、兼职培训教师千余名。建在深圳总部的培训中心占地面积 13 万平方米，拥有含阶梯教室、多媒体教室在内的各类教室 110 余间，能同时进行 2000 人的培训。教室的装备和设计满足教师授课、基于技能的培训、辅助教学等多种教学手段的需要。培训中心还拥有三星级学员宿舍、餐厅、健身房等生活、娱乐、体育设施，为培训学员提供舒适的学习、生活条件。

华为员工的主要培训包含：课堂教学、案例教学、上机操作、工程维护实习和网络教学等多种教学形式；广泛采用多媒体CD培训、视频培训、音频培训等教学手段，并逐步发展了基于互联网和电视网络的远程教学，使学员无论何时何地均可受到华为系统化、个性化的培训。

在松下电器公司的一期人事干部研讨会上，松下讲话并直接发问："你在拜访客户时，如果对方问你，松下电器是制造什么产品的公司，你们如何回答？"业务部的人事科长恭恭敬敬地回答："我会这样说：'松下电器是制造电器产品的公司。'"

"错，像你这样回答是不负责任的！你们整天都在想什么？"松下的训斥声响彻整个会场。与会者都莫名其妙，遭训斥的人事科长更是不明白哪里错了。

松下的脸色十分难看，拍着桌子怒火冲天地说："你们这些人都在人事部门任职，难道不懂得培育人才是你们人事干部最主要的职责吗？如果有人问松下电器是制造什么的，你们就要回答松下电器是培育人才的公司，兼做电器产品！经营的基础是人，对于这一点，我不知说过多少遍。在企业经营上，资金、生产、技术、销售等固然重要，但人是经营的主宰，归根结底人是最重要的。如果不从培育人才开始，那松下电器还有希望吗？"

早在创业初期，松下就已经认识到：拥有优秀的人才，事业就能繁荣，反之就会衰败。松下公司重视知识型人才、科研和智力开发，当有人问及，松下公司最大的实力是什么？松下回答："是经营力，即经营者的能力。"他认为，"掌握了经营关键的人是企业的无价之宝"，强调在出产品前出人才，在制造产品前先培养人才。为了达到"造人先于造物"的目的，松下开办了在职训练指南，又称之为OJT指南，指的是员工在日常工作中的培训教育。为适应公司全体员工培训工作的全面展开，松下电器在职训练策划人宫木勇编写了《松下电器的在职训练》一书。松下的心血没有白费，"造人先于造物"的方针让他成为日本经营之神，让松下电器誉满全球。

实际上，在现代企业管理中，无论是对员工进行专业技能培训，还是对管理层进行拔高训练，都是为了打造整个优秀团队。培训的目的归根结底还是要落在组成地基的一砖一瓦上，即落实到团队中的每一个成员身上，因此，团队成员的勤奋学习、善于思考、创新思维等才是企业最终追求的结果。个人赚钱靠脑袋，企业发展靠思路，只有将企业中所有的智慧集中在一起，才能形成一个完善的发展战略，从而引导企业走向辉煌。据中国工商联合会统计，15 年前的企业现在剩下的还不到 3%。李嘉诚说："昨天成功的经验，会成为今天失败的理由。"因此，为了提高企业的整体竞争力，就要锻造出一支具有超强竞争力的团队。而这种团队的形成势必需要依靠知识的浇灌和经验的积累，因此，学习就成为成长的必要前提，不断激发着团队及团队成员的迅速成长。如今，社会发展一日千里，新技术、新理念、新方法、新模式层出不穷，只有不断学习、不断进步，才能跟上社会发展的进程，不至于被社会所淘汰，才能引领整个企业不断向更高、更好、更强的目标迈进。

让员工保持持续学习状态

企业就是要发展一批狼，狼有三大特性，一是敏锐的嗅觉；二是不屈不挠、奋不顾身的进攻精神；三是群体奋斗。企业要扩张，必须有这三要素。所以要构筑一个宽松的环境，让大家去努力奋斗，在新机会点出现时，自然会有一批领袖站出来去争夺市场先机。

1995 年，随着自主开发的C&C08 交换机占据国内市场，华为的年度销售额达到 15 亿元，华为结束了以代理销售为主要赢利模式的创业期，进入了高速发展阶段。而创业时期的一批管理"干部"，许多已经无法跟上企业快速发展的需要，管理水平低下的问题，成为制约公司发展的瓶颈。

其实，很多企业在发展过程中都会遇到这样的问题，那么该怎么解决呢？加强培训以促进能力建设，激发激情保持斗志，无疑是最主要的。

荷兰阿姆斯特丹的港口旁边，时常有一个慈悲的老妪在傍晚时分出来散步。每次出来的时候，老人都会带些面包之类的食物，将这些食物分给栖息在海边的野雁吃。大雁是随季节性变化而迁移的候鸟,每年冬季将要来临的时候,它们会从北方飞到气候温暖的南方去越冬。由于老妪每天都来喂养,吃喝不愁,大雁再也不用出去觅食,天天围绕着老人转。久而久之,大雁逐渐变肥。这一年冬天来临的时候,野雁再也飞不到南方,累死在途中。

一个企业,如果它的员工不能被锻炼出来,那么它就不可能有竞争力。很多领导者对所有的事情大包大揽,就像是故事中的老人,员工就像是被喂养的大雁,对领导者很依赖。员工失去了创造性,失去了工作激情和挑战高难度工作的信心、勇气。结果,什么事情也不干,什么事情也干不成,能力越来越糟。企业随着员工的平庸而陷入停滞不前的发展泥潭。

企业管理者一定要知道,工作岗位就是最好的培训地。

一汽集团每年都要招聘500多名新毕业的大学生,大学生毕业通过入厂培训后,全部分配到基层锻炼,并配有导师指导,经过一年的实践锻炼后,根据企业的需要和个人的实际能力再确定岗位,人事部门定期进行考察、甄选,其中的优秀者将进入人才库,作为后备人才重点培养,并实施动态管理。让大学生们参与解决企业在生产、质量、技术、经营和管理等方面遇到的难题,既推动了企业的工作,也使他们在工作中得到了锻炼和考察。工作岗位是一汽培养大学生的第一主战场。从这个战场上走出的人才,能打硬仗,能打胜仗。在工作岗位上锻炼人才,成为一汽集团持续辉煌的人才秘诀之一。

需要提醒企业管理者注意的是,要想在工作岗位上培养员工,首先要为员工提供合适的位子。把员工放到合适的位子上,还要使员工明确自己的责任。只有每一位成员都明确自己的责任,才能更好地完成团队任务,才能实现更好的成长。

要激发员工的潜能,把员工放到最能发挥其特长的岗位上去,通过岗位锻炼激发员工的潜能。平庸多半是被放错了位置,每个员工都有各自的长处和不足,关键是领导如何扬其长避其短。另外,领导要适时把员工放到新的工作环境中接受新的工作任务,用不同的岗位锻炼员工,从而保持员工的持续学习状态。

第十章 决定生死存亡的是客户

以客户的需要为导向

2017年1月市场工作大会上,任正非说:运筹不在帷幄而在沙场。企业生存发展不在你有多少钱,有多少分公司,而在于你的客户。客户是企业的衣食父母,满足了客户,企业才能更好地发展。任正非非常重视客户关系,他说:华为生存下来的理由是为了客户。客户是华为之魂,而不是一两个高层领导。每一个客户经理、产品经理每周要与客户保持不少于5次的沟通,并且还要注意有效提高沟通的质量。

重视客户关系,是华为的一个竞争优势。2000年春节,黑龙江的一个本地网交换机中断,网上运行着多种机型,不知道问题出在哪个厂家的设备上。华为的技术人员在1天内从深圳赶到黑龙江,发现问题不在华为。而出问题的厂商迟迟没有回应,于是华为将自己的接入网改接到另一路由器,问题修复了,这让用户非常感激。《华为基本法》第二十五条规定:"华为向顾客提供产品的终生服务承诺。我们要建立完善的服务网络,向顾客提供专业化和标准化的服务。顾客的利益所在,就是我们生存与发展的最根本的利益所在。我们要以服务来定队伍建设的宗旨,以顾客满意度作为衡量一切工作的准绳。"如今,华为公司已成立中东、北非地区技术服务培训中心,为埃及及其周边国家培养了大量电信专业人才,并提供有力的技术支持,实现了为该地区客户长期服务的承诺。如今,华为的地区客户代表处已遍布亚、非、欧、美等地区,较为完善的服务体系是供应链条正常运转的保障。

企业的战略制定应该依据顾客的需求来进行,只有以顾客的需要为导向,以占领市场为导向,不断地创新,企业才能更好地生存和发展。德鲁克说:"企业不是要去改造顾客,而是要满足顾客。缺乏市场意识是大多数新企业的通病,在企业的早期阶段,这是最严重的问题,有时甚至会永久地阻碍那些幸存下来的新企业的发展。”

正如人们常说的“不是环境来适应你，而是你要去适应环境”，企业的产品和服务是由顾客决定的，而不是企业本身。不要试图改造顾客，而要去适应顾客、满足顾客。

顾客永远正确，不要在产品卖不出去的时候找借口，也不要试图改变顾客去接受你的产品。企业要不断改善产品和服务给顾客带来的效用。如果管理者意识不到顾客更需要什么样的产品和服务，企业的可持续发展就很危险了。

以顾客需求为导向是市场营销的永恒主题。尤其对于刚刚走入市场却又面临知识经济时代挑战的企业来说，唯一的出路就是彻底转变思想，努力适应顾客的需求。

适应顾客需求，一般来说有两种情况。第一种情况是消极被动适应。就是简单地追随市场需求，紧盯顾客的眼前需求，走在顾客的后面，亦步亦趋。此种方式不能适应顾客不断迅速变化的需求，这已被营销实践反复证明。因此，它不能从根本上适应顾客的需求。第二种就是积极主动适应，它主张在市场调研的基础上，把握顾客需求的现状及其变化趋势，走在顾客的前面，主动引导顾客。只有这样才真正适应顾客的需求。

零距离接触，找到顾客需求

从企业活下去的根本来看，企业需要有利润，但利润只能从客户那里来。为此，任正非教导华为人说：既然决定华为生死存亡的是客户，为华为提供生存价值的是客户，华为就必须为客户服务，聚焦客户的需求，提供具有竞争力的通信解决方案及服务。

如今，在一个充满竞争的市场环境下，客户对产品的要求越来越挑剔。客户不仅希望产品的价格低，对产品的质量也有严格的要求，即希望产品

“物美价廉”。相对价格差异不大的产品来说，质量的高低左右着客户的选择。优质的产品是品牌建立的先决条件，例如，在体育用品市场上，耐克、阿迪达斯等国际品牌在中国市场上的市场占有率远远高出国内体育用品品牌，这些品牌之所以能在客户中拥有良好的口碑，很大程度上是因为它们质量过硬。华为在创立初期，由于技术不太过关、生产过程大意等原因，导致一些产品的质量不是非常稳定，经常要派技术人员前去“救火”，这样，既造成用户的抱怨，导致对华为品牌的负面评价，又浪费了大量人力、物力。因此，任正非非常重视产品质量的稳定性，把产品的质量看做公司的生命。

企业想要彻底地了解顾客的需求，是一件很困难的事情，而通过市场调查可以较好地达到这一目的，所以很多优秀的企业都非常看重市场调查。

增强顾客对公司商品的信任度和兴建超级商场，是克罗格杂货与面包公司安然渡过大萧条和反连锁店运动的两张王牌。到1935年，公司已拥有50家超级商店。第二次世界大战结束后，约瑟夫·霍尔出任克罗格杂货与面包公司总裁。这位以创新著称的企业家揭开了该公司发展史上新的一页。

霍尔将公司更名为克罗格公司，并引进45种公司专卖商标，以加深顾客对公司商品的印象。顾客调查活动是霍尔亲自主持的一项重大改革措施，霍尔认为：“对公司发展什么商品、增加哪些服务、使用什么销售手段等问题最有发言权的是顾客。”

为此，他在所有现金出纳机旁安装了顾客“投票箱”。顾客可以把自己对克罗格公司的意见和建议投入箱中，如需要哪种商品、哪种商品应如何改进、需要什么专项服务，等等。每一张“票”上都留下顾客的姓名和联系地址，一旦该顾客的建议被采纳，他就可以终生免费在克罗格公司的商店里享受该种服务或购买该种商品，还可以获得公司赠送的优惠折扣消费卡，在购买任何商品时都享受减价优待。

“投票箱”深受顾客欢迎，提建议者络绎不绝。克罗格公司则根据顾客的建议不断改进,使公司每一项新出台的措施、每一种新上市的商品都获得成功。公司的经营覆盖区域扩大到得克萨斯、明尼苏达和加利福尼亚等州。1952年,其销售额突破10亿美元大关。

曾任克罗格公司总裁的赫林把公司设立的顾客“投票箱”称为“科学的市场调查法”,他要求公司的员工要“像满足情人的要求”那样去满足顾客的要求。克罗格公司的企划、广告、革新都是根据顾客的意愿来进行的。例如,克罗格公司率先在易腐烂商品的包装上注明有效期、推出无污染的“绿色食品”、在富强粉食品中增加面粉精加工过程中易损失的营养物质等。

把握市场需要,不断推陈出新,是企业竞争胜利的关键所在。尤其对那些只经营单一产品的企业而言,不断推出满足目标顾客需求、具有吸引力的新产品,才能够使企业在同行业中总是处于领先地位。克罗格公司之所以能够赢得顾客的长久信赖,获得持续成功,关键就在于与顾客的零距离接触。只有接触顾客,才能更好地满足顾客的需求。

抓住痛点,打动客户

华为公司指出:我们讲战略宣传要以客户为中心,就要真正搞清楚客户的痛点在哪里,我们怎么帮客户解决他们的实际问题。如果不能找出客户的痛点,就无法理解客户的真实需求,看不清客户的底牌和交换条件,也就难以抓住交易质量改进的机会点。

痛点思路的本质还是促成客户价值的最大化,华为公司将这一任务视为企业的奋斗目标。质量好、服务好、价格最低,那么客户利益就最大化了,客户利益大了,他就会再买公司的设备,公司也就活下来了。因此,公司的组织结构、流程制度、服务方式、工作技巧一定要围绕这个目的,深刻揭示用户痛点,让公司与客户之间的经济循环起来。

关于痛点,任正非2012年在F1展厅整改工作交流座谈会上,解析得非常深入。

“你们知道世界上对男人的最佳表达是什么吗？电影《泰坦尼克号》告诉我们，在生死存亡的时候让女人先走，自己死掉，这就是对男人的最佳表达。我们公司的最佳表达是什么？我们的展示应该从哪个地方切入？我认为应该是从客户的痛点去切入。我们要搞清楚客户的痛点在哪里，我们怎么帮助客户解决他的痛点。抓住客户的痛点进行表达，才能打动客户，让客户认可我们。我们要让客户认识到华为才是他真正的盟友。当然除了技术，未来的商业模式……也是我们要表达的内容。”

“我们现在应该给客户展示未来，我们不展示历史。客户天天跟我们打交道，早就对我们很了解了，为什么还要叫客户复习一遍呢？客户只是不知道未来会是什么样子，我们也不知道客户的未来是什么样子。在苹果公司推出iPhone之前，大家根本想不到移动互联网会大大地超过固定互联网。所以我们要知道，客户到这个地方来他关心什么？人家是来研究人家自己看不到的未来。”

“我不主张平铺直叙。我们从一开始和客户沟通，就是共同去探讨我们共同痛苦的点，探讨未来会是什么样子。一上来就要让客户感知到这个就是他想找的，让客户看到他的未来，认同这个未来，然后和我们一起去找解，看我们能给客户提供什么服务，帮助他走向未来。这样的沟通和探讨才能引人入胜，客户才会关注我们解决这一问题的措施和方案。只有当客户深刻地认识和理解了我们，他才知道我们这个战略伙伴和别人有什么不一样，才知道我们能提供给他的是什么样的未来，才会买我们的设备，我们才能活下来。”

我们不再就痛点的内涵进行赘述，最后要强调的是，搞清痛点的关键在于聚焦少数优质客户以及少数优质项目，将优质资源向优质客户与优质项目倾斜，然后慢慢撕开口子。任正非针对华为公司的业务开展情况反思道：“今天来说，我们能真正搞明白客户需求的就是电信运营商，我们根本就不明白其他客户的需求。我们盲目摆开架势，什么行业都大张旗鼓去做，金融也做，保险也做。我们不懂银行和保险怎么运作，怎么帮人家做解决方案？”

应需而变，有效掌控主动权

“现在市场变化了，客户需求也变化了，我们可以扁平一点。”任正非说，了解客户需求，应需而变，这样才能更好地把握市场，把握掌控权。但现实生活中，我们可以看到很多的人没有注意这一点，尤其是一些商品销售人员，他们只顾拼命地介绍产品，而不注重先了解顾客的需求。

拼命地介绍产品，按自己的意愿想说什么就说什么，这样自顾自地介绍产品效果肯定不会很好，因为你不知道顾客想要什么，在想什么，那么我们销售的针对性就比较差，满足顾客需求的可能性就比较小，销售的成功的概率就比较小。

也许有些人会想，我们拼命地介绍，也完成了一定的销售量，但是请仔细想一想：因为没有了解顾客的需求而失去的顾客有多少呢？下面这则故事也许能给我们一些启示。

一条街上有两家水果店。

一天，有位老太太来到第一家店里，问：有李子卖吗？

店主见有生意，马上迎上前说：老太太，买李子啊？您看我这李子又大又甜，还刚进回来，新鲜得很呢！

没想到老太太一听，竟扭头走了。

店主纳闷着，哪里不对得罪老太太了？

老太太接着来到第二家水果店，同样问：有李子卖吗？

第二位店主马上迎上前说：我这里李子有酸的，也有甜的，您想买酸的还是想买甜的？

最后老太太买了一斤酸李子，店主一边称酸李子一边问：在我这买李子的人一般都喜欢甜的，您为什么要买酸的呢？

老太太回答说：最近我儿媳妇怀上孩子啦，特别喜欢吃酸李子。

两个店主代表了两种不同的销售人员，第一个店主只知道一味介绍自己的产品，而不了解客户的需求是什么，所以失去了一个买主。而第二个店主成功地抓住了顾客。

作为一个销售人员，只有了解顾客需求，针对产品进行有的放矢的介绍，投其所好，销售才能成功。同样，一个企业也应该如此，要根据消费者的需求来把握市场。

第十一章 脚踏实地，不疾而速

脚踏实地,才能站稳脚跟

2017年1月任正非在市场工作大会上讲话时说道,华为正在走向新形象:踏踏实实做事,向一切优秀的人学习,就能前进。

每个企业都有企业文化,小胜在智,大胜在德。华为成立之初,员工只有几十人,资金短缺,为了节省成本,员工们工作、生活都在一层楼上,由于交货期紧张,很多人几个月不下楼,很多同事在那里工作几个月了,对周围的交通、环境还没有什么概念。

世间,每一种成功,都有它自己独特的道路,但如果不是得天独厚,那就要对自己狠一点!当我们不具备成功的天赋时,只有脚踏实地,才能让自己站稳脚跟。正如山崖上的松柏,经过无数暴风雪的洗礼,只有坚定地盘固于土地,它们才长成坚固的树干。

一个人若不敢向命运挑战,不敢在生活中开创自己的蓝天,命运给予他的也许仅是一个枯井的地盘,举目所见将只是蛛网和尘埃,充耳所闻的也只是唧唧虫鸣。

成功需要付出,希望需要汗水来实现,人生需要勤奋来铸就。"成功,要么拼爹,要么拼命。"网友的话一针见血,对于不能拼爹的人来说,通往成功的道路只有一条:脚踏实地,勤劳奋斗。

在美国,有无数感人肺腑、催人奋进的故事,主人公胸怀大志,尽管他们出身卑微,但他们以顽强的意志、勤奋的精神努力奋斗,锲而不舍,最终获得了成功。林肯就是其中的一位。

幼年时代,林肯住在一所极其简陋的茅草屋里,没有窗户,也没有地板,用当代人的居住标准来看,他简直就是生活在荒郊野外。但是他并没放弃希望,为了希望他流再多的汗水也不会后悔。当时他的住所离学校非常远,一些生活必需品都相当缺乏,更谈不上可供阅读的报纸和书籍了。

然而,就是在这种情况下,他每天还持之以恒地走二三十里路去上学。晚上,他只能靠着木柴燃烧发出的微弱火光来阅读……

众所周知,林肯只受过一年的学校教育,成长于艰苦的环境中,但他努力奋斗、自强不息,最终成为美国历史上最伟大的总统之一。

任何人都要经过不懈努力才可能有所收获。世界上没有机缘巧合这样的事存在,唯有脚踏实地,艰苦奋斗才能收获美丽的奇迹。

放低心态,做好每一件小事

任正非说,在冷板凳上坐的都是一代英豪。做工作是一种热爱,是一种献身的驱动,是一种机遇和挑战,多么难得,应该珍惜它。认真地做好每一件事,不管是大事,还是小事。

在精细化时代,工作中任何一个细节出了差错,都会事关全局,牵一发而动全身,每一件细小的事情所产生的后果都会不断扩大,它们就不再是微不足道的小事情。所以,每一个员工,都在工作中要做到戒骄戒躁,即使是小事,也要认真做好,这样才能使自己的事业之舟顺利前行,才能让企业这艘大船顺利运行。

秦牧在《画蛋·练功》一文中讲道:“必须打好基础,才能建造房子,这道理很浅显。但好高骛远,总想走捷径的心理,却常常妨碍人们去认识这最普通的道理。”人一浮躁起来心里就像长了草,而且是没有根基的草,被急功近利的风一吹,就跑掉了,结局只能是无果而终。

位置最低才是成就大海的秘诀,而一个人只有放低心态,才能不断容纳新知识、新事物,才能在竞争激烈的社会中,不断进步,并且立于不败之地!

1862年,德国哥廷根大学医学院的亨尔教授非常高兴地发现,他的这届学生中,很大一部分人是他遇到的最聪明的学生。但同时他也感到了深深的忧虑,因为,越是聪明的人越不容易静下心来踏踏实实做那些看似很傻的工作,而那些很傻的工作恰恰就是很多人以后必须要担负的工作职责。

于是,开学后不久,每个同学手中都得到了一份亨尔教授的论文手稿。亨尔教授要求他们重新仔细工整地誊写一遍,但实际上那些手稿已经非常工整了。所有的同学都认为没有重抄的必要,因为那纯粹是在浪费时间,还不如利用这段时间利用自己的聪明才智去搞研究。他们一致认为,只有傻子才会坐在那里当抄写员,把自己宝贵的精力花费在这种没有价值而又繁冗枯燥的工作上。没想到,真的有一个叫科赫的"傻子"坐在教室里抄写手稿。

更让人想不到的是,就是这个最"傻"的人在人类历史上首次发现了结核菌、霍乱菌,并且也是第一个发现传染病是由病原体感染而造成的人。他在1905年获得了诺贝尔生理学与医学奖。

也许在当初的那些同学当中,科赫并不算最出众的一个,但他放低自己,做好手头该做的工作,他的成功源自每一项工作中的精耕细作。

一个人的身体里承载了太多的自负和虚荣,即使拥有不错的天资,拥有良好的学识,远大的抱负,并且不乏进取之心,可能也难以飞得更高。更多的时候,我们需要放低自己,才能拥有更广阔的天空,看到更明亮的未来。

戒骄戒躁,把年轻变成优势

在企业管理中,很多企业家认为年轻人做事浮躁、不可靠、过于急功近利,于是把年龄作为起用人才的一项重要标准,以此来降低用人风险。而事实上,年轻人也有很多长者不具备的优点和特长:他们年轻有朝气、想法新奇独特、接受新鲜事物能力强;他们敢作敢为、敢打敢拼,且头脑单纯,不善于工于心计,也不受那么多条条框框的约束,因此很有可能干出一番大事业。

任正非说："华为最大优势和劣势都是年轻，因为年轻，充满生命活力；因为年轻，幼稚病多，缺乏职业化管理。"因此，任正非认为，年轻有优势也有劣势，但只要对年轻队伍正确地培养、引导和管理，就会涌现出一批有才干的年轻人。

在华为，不但有工作七天就被提升为工程师的新人，还有19岁的高级工程师。即使那些较大的科研项目，华为也可以放心大胆地任用年轻人挂帅。

对于年轻人来说，一个得天独厚的优势就是年龄。年轻就是资本，但前提是不浮躁，不骄傲，否则优势会变成劣势，结果一事无成。正如莎士比亚所言："一个骄傲的人，结果总是在骄傲里毁灭了自己。他一味对镜自赏，自吹自擂，遇事只顾浮夸失实，到头来只是事事落空而已。"

美国一家研究机构曾经对职场中青年员工和中年员工身上促成事情成功的一些因素做出调查，得出了以下结论：

首先，在诚实度方面，年龄大一些的员工整体要高于年龄小一些的员工，这也意味着年纪大一些的员工更容易得到老板的信赖。

其次，在做事的态度上面，年龄大一些的员工总体来说更加谨慎、细心，而不像年轻员工那样可能会因为冲动冒险而为公司带来可怕的后果。

再次，年龄大的员工得到的合群度评价也很高，表明他们更乐意和其他员工发展良好关系。不可否认，好的工作氛围对一个组织的和谐运转至关重要。这种对社交的强调同样反映在大龄员工认为保持互相联系很重要上。而众所周知，在当今商界，建立和保持有益的联系是很有必要的。

第四，在选择工作时优先考虑的事项方面，年龄大的员工比年轻员工显示出了更强的稳定性和忠诚度。他们不仅对钱的关注较少，而且对工作的期待现实得多，因此不容易因日常工作缺乏活力和挑战而灰心丧气。所有这些，加上他们对长期稳定的工作感兴趣，意味着年龄大的员工更效忠于自己已有的工作，而不大可能为了追求新的刺激而跳槽。或许正是年龄大的员工对自己工作的这种忠诚，在证明他们是更好的雇员方面最有说服力。

第五，在对新生事物的接受能力和创新能力上，青年员工要明显优势于年龄大的员工。他们更加富有创造性，对于时代的发展更加敏感，虽然可能会因为经验的不足犯一些错误，但仍然是企业创新、紧跟时代不可缺少的重要力量。

综合这次调查研究亦可以得出这样的结论：年轻是弱项，也是强项。年轻人只有戒骄戒躁，知道自身存在的不足，努力吸收学习前辈的经验，充分发挥自己的长处，才能够成为企业的顶梁支柱。

进入务实工作状态

在2017年市场工作大会上，任正非说：未来是什么？有利润的增长、有现金流的利润，去除干部身上的浮躁，转变到踏踏实实为客户服务。

务实是华为一贯的作风，华为创业之初，任正非手上只有资金两万多元，员工也只有十几个，如果没有第一代人的艰苦奋斗，不计较低微的薪水，华为是无法发展起来的。因此，任正非经常在公开场合表达对那些默默付出的华为人的感激，他也提出“吃水不忘挖井人”的观点。当华为在销售额上创造了一个又一个的辉煌后，员工的薪酬也得到了大幅度的提升，如公司让每个员工持有公司股份，实行年终分红的制度等，都是任正非对于创造了今天的华为的“英雄”的回报。

然而企业不能只靠着元老存活，华为想要走下去，还需要更多的新鲜血液，更多继承了“英雄”血液的年轻人；元老也不能依靠着过去的功勋活下去，元老想要获得更大的发展、作出更大的贡献，还需要不断为自己充电，跟上时代的步伐。

基于这种考虑，任正非提出了“呼唤英雄”的口号，旨在号召每一名华为的员工，不管在什么岗位上都能够以“英雄”的标准来要求自己，以“英雄”的目标鞭策自己，同时希望华为的功臣们能够不断前进，一如既往地推动华为的发展。

在《华为呼唤英雄》一文中任正非提到，每一名员工只要做出了成绩，不管公司有没有颁发勋章，都是自己心中的英雄；每一名员工只要在自己的岗位上做好了自己应该做的事情，就都是企业的无名英雄。

职场中的每一个人都应当从这一观点中得到启发。并不是为企业争取到了千万的订单，或是为企业研发出举世瞩目的产品才能被称为企业的英雄，尽职尽责、每天都比前一天有所进步，这样的员工同样是企业的英雄。

脚踏实地地工作是尽职尽责、是成为英雄的前提。松下幸之助指出：“坦率地讲，我并没有那么长远的规划。珍视每一个日日夜夜，做好每一项工作，这是我今天辉煌的秘诀。当年，我并没有要兴建一座大工厂的远大规划。创业初期，一天的营业额仅仅1日元，后来又企盼一天的营业额增为2日元，达到2日元又渴求增至3日元，如此而已，我们只不过是热心地努力做好每一天的工作。让青年胸怀大志的确是桩好事，然而，为了达此目的，需要日积月累，要珍视每一天的每一件工作，由此而循序渐进地有所长进，最终才能成就伟大的事业。”

想要做出成绩很难，甚至想要做好本职工作都不是一件容易的事情，这一切只有在脚踏实地的工作中才能得以实现。许多浮躁的人都曾经有过远大的志向，却始终无法实现，最后只剩下牢骚和抱怨。

有的人刚步入职场，就梦想明天当上总经理；刚创业，就期待自己能像巴菲特一样富有。要他们从基层做起，他们会觉得很丢面子，甚至认为是大材小用。尽管他们有远大的理想，但缺乏专业的知识和丰富的经验，缺乏脚踏实地的工作态度，注定也将一事无成。

因为当今社会的浮躁和急功近利，有不少人每天都在想办法寻求成功的捷径，一行动起来，就尽可能地钻空子、占便宜，而不愿踏踏实实地按照正当的程序去做，到头来丧失了更多的自我发展的可能。于是有不少人发出这样的感叹：现今的社会太浮躁，能够务实发展的人实在太少了。事实上，务实是敬业员工必备的素质，也是实现梦想、成就一番事业的关键因素，自以为是、自高自大是务实的最大敌人。没有务实，何谈敬业？员工要克服浮躁心态，进入“务实工作状态”，并在这个过程中实现企业和员工的共同成长。

希望职场中的每一名员工都能记住，想要成为英雄，首先要尽职尽责地做好自己应该做的事，踏踏实实、切记浮躁。珍视每一天，认真做好现在的工作，做一名优秀的士兵，才能逐渐积累自己的经验，磨炼自己的能力，增长自己的学识，从而获得更好的发展、获得你想得到的荣誉。

第十二章 身先士卒，做员工的导师和领袖

谨慎言行，管好自己才能管好员工

治国者，先修其身，做企业也一样，领导人必须首先要修炼好自己。任正非对于企业各级领导人一直以严格要求著称。在2010年的新春致辞中任正非提到“我们要充分发挥干部后备队选拔、培养干部的作用，使一些优秀的员工，找到更适合他们的岗位。我们的干部要坚持实事求是的工作作风，敢于讲真话，不捂盖子，报喜更报忧，公平对待下属与周边合作，敢于批评公司及上级的不是。我们反对唯唯诺诺、明哲保身，这样的人不适合作为管理干部，我们在新一年要调整他们的工作。不敢承担责任、观察上级态度，是不成熟的表现；工作方法粗暴，是缺少能力的表现。我们在新一年中要逐步减少这类干部”。

领导人是否能够清醒、冷静地做决策，对华为的发展来说至关重要。“害怕我们这个公司上层中有的人头脑发热，最后导致这个公司生命的终结。”为了让华为的领导阶层更好地工作，任正非为此还建立了监察制度。

处于领导岗位，你的一言一行都可能影响到下属，所以要格外注意。

斯隆是一个爱好广泛、热衷交际的人，他身边有很多的好友和死党。但是，在他担任通用总裁之后，从不与下级主管亲近，对所有下属都以礼相待，保持一定距离。在他担任通用公司总裁的50多年时间里，没有在公司内部结交过一个朋友。如果要和他成为真正意义上的朋友也可以，但前提是你先离开通用公司，之后才能和他建立真正的情谊。而且，他从来不在公开场合谈论自己的喜好和家庭。

对于自己的孤立，斯隆是这样解释的：“我也喜欢交友，喜欢身边有个说心里话的人，可是董事会信任我，让我坐在这个位置上，并给我比平常人都要高很多的薪水，不是让我来交朋友拉关系的。我的工作是评估企业里的人表现如何，从而做出正确的人事决策。假如我和某些同事有极深的交情，自然就会有好恶之分，这样就会影响我决策的正确性与客观性。在这个世界上，没有人喜欢孤寂，也不可能有。我之所以如此，是因为责任在身，我不得不放弃在工作场合建立私交。”

斯隆认为，总裁的职责就是做到公正客观，不偏不倚。他必须宽宏大量，不应计较下属采用何种工作方式，更不能把自己对下属的喜恶之情带入管理之中，唯一的评价标准应该是绩效和性格。如果一个总裁和公司同事之间建立起了“私交网”，那么在工作中他就无法做到不偏不倚，或者至少不能表现得不偏不倚。

斯隆的下属们不知道他喜欢什么，就不会因为他的喜而喜，也不会因为他的恶而恶，而是随时表达他们最真实的自己。正是因为如此，斯隆才能做到用人不拘一格，他手下的高级经理们，也是风格迥异，各有特色。

根据自己的喜好来选人用人，必将产生不公正。在现代企业里，卓有成效的管理者都是在管理过程中对事不对人，站在一个公正客观的立场上来进行管理活动。

成为下属学习的榜样

任正非说，区别一个干部是不是好干部，是不是忠臣，标准有四个：第一，有没有敬业精神，对工作是否认真，改进了，还能再改进吗？这就是你的工作敬业精神。第二，有没有献身精神，不要斤斤计较，我们的价值评价体系不可能做到绝对公平。我认为献身精神是考核干部的一个很重要因素，一个干部如果过于斤斤计较，这个干部绝对做不好，你手下有很多兵，如果你自私、斤斤计较，你的手下能和你合作很好吗？没有献身精神的人不要做干部，做干部的一定要有献身精神。第三点和第四点，就是要有责任心和使命感。

从任正非对华为各部门领导人素质、方向等方面的严格要求和对于领导人任职资格的严格把握上我们可以看出，领导人素质对于一个企业的发展有着重要的意义。

知人善任则是领导人重要的素质之一，更为重要的是，优秀组织的领导者会以身作则，成为下属学习的榜样，使自己成为他们的火车头。领导者必须提高自身素质，否则只凭领导的权威下属也是很难服从的。常听到一些管理者埋怨自己的下属，要么是执行力不强，要么是素质不高，却不知企业是一个团队，一个管理者只有做到以“理”服人而不是以“权”压人，管理的工作才能变得简单容易。一个优秀的领导者应当具备以下五方面的素质：

1.企业领导者要以正直的人格凝聚下属。

组织的建立不是依靠力量，而是依靠信任。荷兰的行政管理专家皮尔特·布鲁恩说，“权威不是老板高于下属的权力，而是老板影响下属承认和接受那种权力的能力”。言外之意，管理者必须取得下属的信任，否则将不能对下属产生领导。

而产生信任的基础是管理者必须足够正直。德鲁克说，如果管理者缺乏正直的性格，那么无论他多么有能力，也不会获得下属的尊重。正直原则要求管理者对下属要坚持一视同仁，不能厚此薄彼。就某种程度而言，正直决定企业的发展方向，保证企业实现良性运转。正直是一种必须坚守的立场，是一种价值观。对于管理者而言，品格越正直，别人就对你越有信心，否则就会丧失影响别人的地位。正直是事业成功最重要的基础。有了正直，才会赢得追随。

2.企业领导者要一马当先。

下属，特别是那些聪明、年轻、有进取心的下属总是会以某个强有力的上级作为榜样。管理学家德鲁克认为，管理者必须为成败负责，应当担负起消除借口、缔造积极的团队文化的责任。在困难面前，管理者不可抱有推脱的念头，必须集中精力寻找解决方案，并且要一马当先，发挥带头作用。正如美国著名的企业领袖艾柯卡在其自传中所写的那样，“管理者意味着树立榜样”。

管理者在某些地方做出榜样，使员工有效法的标准，并形成一种威慑力，使每个员工都不敢马虎，无法搪塞、推脱责任。只有这样，企业的执行力才会越来越好，发展也越来越快。

3.领导者知人善任才能产生合力。

提高效率的第一秘诀就是要了解共事的人，并善于利用他们的优势、工作方式和创造的价值。管理者不仅要看到单个人才的能力和作用，更要组织一个结构合理的团队，将不同类型的人才进行合理的搭配，把他们放在最合适的位置上，相互启发，相互协作，形成一个有机整体。通过优势组合来弥补单个人才的不足之处，以达到人才最佳效能的发挥。

管理者用人不仅表现在人的量的多少上，还在于其人才的优势组合与搭配。在一个拥有众多人才的企业中，不仅要有个体的优势，更需要有最佳的组合结构。"全才"是极少有的，"偏才"占绝大多数，但"偏才"组合得好，就可以构成更大的"全才"。所以，企业管理者要充分了解下属，不仅要考虑他们的能力和才华，更要考虑其个性及长短处，以便使每个人发挥出最佳效能。

4.领导者要促进下属之间的互补合作。

在工作中遇到问题时，要问自己：谁需要知道这件事？我需要谁的帮助？谁需要我的帮助？然后把这些问题的答案告诉相关的人。包括管理者在内，组织内每个成员都要有合作精神。许多管理者总是抱怨自己的手下有才能的人太少，恨不得自己的每个下属都变成无所不知的全才。显然，这种想法是不切实际的。对于管理者来说，组织就好比小分队，也是由各色各样的人组成的，他们都有自己的优点和长处，身为领导者，就要做到对下属的能力了如指掌，并促进下属之间的互补合作，使内在的潜力得到充分的发挥。唯有如此，团队的工作才能取得成效。

5.领导者要鼓励下属成为英雄。

领导者需要激发员工的动力，鼓励下属成为英雄。通过正确的领导方法，激发员工的无限潜力。爱因斯坦说过："与应有的成就相比，每个人只能算是'半醒者'，大家往往只用了自己原有智慧的一小部分。"因此，最好的管理之道就是鼓励和激励下属,让他们了解自己所拥有的潜能,善加利用,发挥它最大的神奇功效。

领导者是企业的领路者,在很大程度上决定着企业的方向和成败。因此企业领导者更加有必要不断加强自身素质建设,将自己打造成为顺应时代发展,带领企业不断前进的优秀企业家。

自省,是超越的开始

我们处在IT业变化极快的时代,这个世界上唯一不变的就是变化。我们稍有迟疑,就失之千里。故步自封,拒绝批评,忸忸怩怩,就不只千里了。任正非说,华为还是一个年轻的公司,尽管充满了活力和激情,但也充塞着幼稚和自傲,管理还不规范。只有不断地自我批判,才能使华为尽快成熟起来。

要活下去,必须超越自我,而超越的必要条件,是及时去除一切错误。去除一切错误,首先就要敢于自我批判。当任正非被问到"对华为人最大的期望和要求是什么"时,他回答:华为人要有自我批判精神。他希望华为人"每日三省吾身",要意识到自己的不足,并不断地加以改进,不断地优化。而作为华为的中高级管理干部,更应该具有自我批判的精神。他说,员工没有达到工作要求,管理者也有责任;员工犯了错误,管理者也应该受到批评。他还强调,自我批判不光是个人进行自我批判,组织也要进行自我批判。通过自我批判,各级骨干要努力塑造自己,逐步走向职业化,走向国际化。

任正非认为,自我批判要从高级干部开始。高级干部之间的自我批判和所谓的"高层内部斗争"并不是一个概念,大家的批评仅限于工作,争论、批评完,大家又握着手工作去了。任正非要求,华为中高级干部要在自我批判方面做出表率。

TCL总裁李东生是一个善于自我反省的人。TCL曾在推行国际化进程中遭遇挫折,对此,李东生在公司内部论坛上发表了系列文章。文章通过《鹰之重生》这一故事不仅分析了TCL遭受挫折的原因及存在的情况，还深入探讨了在当前情况下通过什么样的方式实现涅槃重生。

更为可贵的是，在系列文章中，李东生进行了深刻的自我反思，比如：为什么以变革创新见长的TCL开始裹足不前？为什么我们引以为豪的企业家精神和变革勇气没有起到应有的作用？

面对这些问题，李东生明确指出自己应该承担主要的责任：没能在推进企业文化变革创新方面做出最正确的判断和决策；没有勇气去完全揭开内部存在的问题，特别是这些问题与创业的高管和一些关键岗位主管、小团体的利益相关联的时候，他没有勇气去捅破它；在明知道一些管理者能力、人品或价值观不能胜任他所承担的责任的时候，他没有果断进行调整。他还针对公司出现的一系列问题总结自己的管理失误，进行反思。

李东生的深刻反思使他认识到当时企业存在的重大问题，通过在企业组织内部进行充分讨论，李东生找到了解决这些问题的方法，为TCL的下一步发展指明了方向，使TCL像鹰一样重生。由此可见，无论是对企业组织，还是对管理者个人，自省都是实现提升的重要途径。

自省是自我素质、自身能力得到提高的前提，只有坚持自我批判，不断发现自身的不足之处，才能不断完善自己，从而获得更大的发展。

多做自我批判，不断总结经验

任正非要求每个干部多做自我批判，不断找自身问题和部门差距，不断总结和改进工作，为公司多作贡献，并按照公司干部选拔原则来培养选拔后备干部。

为什么任正非这样强调干部的自我批判能力？

这是因为一个优秀的管理者其真正的优秀能力是接受新事物、新观念，去除旧观念、旧的思维模式和过时的心智模式的能力。这种能力实质上就是自我批判的能力，有了这种能力才能真诚地接受公司核心价值观的约束，并按公司的价值导向重塑自我。

自我批判的能力，实质上也是一个人自我领导、自我管理的自制力和内在控制力，让人能够通过理智地进行自我剖析，重新审视自己的价值观和心智模式。自我批判的过程就是一个思想上、观念上去糟粕，纳精华，进而不断升华和成长的过程。

领导干部的思维能力、决策能力等在很大程度上影响着一个企业的发展走向，甚至关乎企业的生死存亡，因此华为的领导干部能否及时对自己的工作进行总结、改善，对于华为来说至关重要。华为日益发展壮大，要处理的问题比之从前复杂了许多，在这样的环境下，任正非提出了领导干部尤其要坚持自我批判的号召，以期为华为今后的发展摆正方向。

华为作为国内一流的企业，非常主张自我批判的精神，这也体现了华为与其他企业的不同。在华为，思想品德、自我批判能力、领导能力是一个优秀员工的三要素。所谓思想品德是指一个员工最基本的素养，体现在对于企业的忠诚度和符合一定的道德规范等；领导能力是一个人带领和协调下属员工工作的能力。以上两种能力的不断完善是通过自我批判得以实现的，因此自我批判能力是一个优秀员工素质核心。

自我批判精神作为一个企业走向卓越的重要条件，又会对企业的管理和发展产生怎样积极的作用，有着怎样的意义呢？

首先，有利于完善考核制度。自我批判的精神对完善考核机制是非常有帮助的，因为当考核结果出来的时候，需要的不是评价，而是反思，而能够做到不断完善的动力就是自我批判的精神。如果一个员工学会找出考核中存在的不足，也就有了前进的动力，这样考核的目的就达到了，考核制度的价值也就实现了。考核制度能够帮助员工找出自身的不足之处，而员工的自我批判和反思能够检验考核体系是否完善，两者相辅相成，相互促进。

其次，自我批判精神有利于增强企业的生命力。华为有这样的一句口号："根本目标就是活下去。"这句口号最深层次的含义就是让企业能够基业长青，这需要的不仅是坚持、是韧性，更需要科学的管理和创新的意识，而这些目标的实现需要企业管理者在长期的管理实践中寻找不足，不断总结经验，也就是要有自我批判的精神，因此自我批判对企业未来的发展和长治久安有重要的作用。

自我批判的精神体现的是企业务实、向上和不断完善自我的精神，是企业战胜困难和危机的有力武器。

谦卑处世成大业

做企业，需要踏踏实实做，不用炒作题材，不是短期行为；不靠明星效应，也不用媒体跟风。任正非说："我已习惯了我不应得奖的平静生活，这也是我今天不争荣誉的心理素质（形成的缘由）。"在任正非的引导下，华为人摒弃了不该有的浮躁和过分的自豪，剔除了躁动的种子，为公司的发展需要严格地约束着自己的行为。

任正非告诫员工说：对待媒体的态度，希望全体员工都要低调，因为我们不是上市公司，所以我们不需要公示社会。高调做事，你会一次比一次优秀；低调做人，你会一次比一次稳健。低调多一点，浮躁少一些。如何保持低调，一般来说可以这样做：

1.在姿态上要低调。

以宽容之心度他人之过：退一步海阔天空，忍一时风平浪静。对于别人的过失，必要的指责无可厚非，但能以博大的胸怀去宽容别人，就会让世界变得更精彩。

平和待人留余地："道有道法，行有行规"，做人也不例外，用平和的心态去对待人和事，也是符合客观要求的，因为低调做人才是跨进成功之门的钥匙。

谦卑处世成大业：谦卑是一种智慧，是为人处世的黄金法则，懂得谦卑的人，必将得到人们的尊重，受到世人的敬仰。要成就大业，就得分清轻重缓急，大小远近，该舍的就得忍痛割爱，该忍的就得从长计议，从而实现理想，成就大事，创建大业。

2.在心态上要低调。

淡泊名利无私奉献：性格豪放者心胸必然豁达，壮志无边者思想必然激越，思想激越者必然容易触怒世俗和所谓的权威。所以，社会要求成大事者能够隐忍不发，高调做事，低调做人。

功成名就更要保持平常心：高调做事是一种责任，一种气魄，一种精益求精的风格，一种执着追求的精神。所做的哪怕是细小的事、单调的事，也要代表自己的最高水平，体现自己的最好风格，并在做事中提高素质与能力。

不要太把自己当回事：不要把自己太当回事，才不会产生自满心理，才能不断地充实、完善自己，缔造完善人生。

谦逊是终身受益的美德：一个懂得谦逊的人是一个真正懂得积蓄力量的人，谦逊能够避免给别人造成太张扬的印象，这样的印象恰好能够使一个员工在生活、工作中不断积累经验与能力，最后达到成功。

3.在行为上要低调。

才高不可气粗，居功不可自傲，过分地张扬自己，就会经受更多的风吹雨打，暴露在外的椽子自然要先腐烂。一个人在社会上，如果过分张扬、卖弄，那么不管多么优秀，都难免会遭到明枪暗箭的打击和攻击。

4.在言辞上要低调。

放低说话的姿态：面对别人的赞许恭贺，应谦和有礼、虚心，这样才能显示出自己的君子风度，淡化别人对你的嫉妒心理，维持和谐良好的人际关系。

得意而不要忘形：得意时要少说话，而且态度要更加谦卑，这样才会赢得别人的尊敬。

祸从口出，莫逞一时口头之快：凡事三思而行，说话也不例外，在开口说话之前也要思考，确定不会伤害他人再说出口，才能起到一言九鼎的作用，你也才能受到别人的尊重和认可。

宽容，更容易获取支持

“有人说华为公司从一个小公司发展到今天的规模，是糊里糊涂、懵里懵懂地就走过来了，我接受这种说法。这种说法至少减轻了我们高层领导的压力，不要把我们压得太厉害了，我们也不是先知先觉的，我们也犯过许多错误，包括泡沫化。错误不算什么，谁能不犯错误？没有人是一贯正确的，有错误的人经过改正以后还是可以提起来的，不要把人看成完人。目标才是重要的，大家不要有那么多自尊心，不要太看重面子。在华为犯错最多的是我，我也是在错误中站起来的。我没有头脑发热过，没有决策失误过？天知道。不过大家是为维护领导人的威信，给点面子罢了，我自己心知肚明。”

任何人都不可能是全才，领导干部也不可能什么都懂、什么都会，在领导企业前进的路上，也会犯错，我们需要给予宽容和理解。在前进的路上，华为也出现过因为领导阶层的决策而产生业绩停滞的情况。

在入世和国内日益高涨的反垄断的双重压力下，中国在20世纪90年代后期加快了电信改革的步伐。经过一系列调整，中国电信市场上形成了中国移动、中国联通、中国电信、中国吉通（以国际互联网的接入服务为主）、中国网通（以数据宽带网络业务为主）、中国卫星（以卫星通信业务为主）和中国铁通共同角逐的格局。电信市场的分拆带来了不稳定因素，各省的电信网络建设都停滞了下来，“组织调整”“企业内部建设”“分拆业务”成为各电信部门的关键词。因此在1999年，华为自创业以来首次年增长率没有超过50%，任正非感觉到了“寒意”。正如任正非所提醒的，从全球来看，2000年纳斯达克指数一年下跌56%，第一次互联网泡沫破碎。思科、爱立信、摩托罗拉等电信设备巨头，纷纷告别了持续增长的状态。而包括朗讯和北电在内的巨头，都陷入亏损泥沼。在那年冬天，朗讯裁了将近一半以上的员工，北电裁了三分之二的员工。

以2000年4月纳斯达克股灾为导火索的全球电信产业的下滑波及了中国市场，在这一年，华为第一次增长停滞。与此同时，由于策略失准而错失小灵通和CDMA这两块“冬天”里最大的“奶酪”，则是华为没有延续增长神话的主要内部原因。

“宰相肚里能撑船”，要想做一个能成大事的人，必须具备一颗宽容之心。一个人要想成功，只有处处多为别人着想，宽容别人，才会得到更多的人理解和支持，梦想才会更容易实现。

清代中期，当朝宰相张廷玉与一位姓叶的侍郎都是安徽桐城人。两家毗邻而居，都要起房造屋，为争地皮，发生了争执。张老夫人便修书北京，要张廷玉出面干预。这位宰相到底见识不凡，看罢来信，立即做诗劝导老夫人：“千里家书只为墙，再让三尺又何妨？万里长城今犹在，不见当年秦始皇。”张母见书明理，立即把墙主动退后三尺；叶家见此情景，深感惭愧，也马上把墙让后三尺。这样，张叶两家的院墙之间，就形成了六尺宽的巷道，成了有名的“六尺巷”。

足坛上，有一个问题一直充满争议：贝利和马拉多纳谁是世界第一球王？这两人之间也从来只有攻讦没有恭维，他们甚至不愿一同出席国际足联的世纪颁奖庆典。不过，2005年8月15日，这段恩怨终于画上了句号。马拉多纳主持的电视节目《十号之夜》开播，他邀请贝利做嘉宾，贝利欣然出席。更出人意料的是，贝利拿起吉他弹唱了一曲称赞马拉多纳的歌曲，作为回报，马拉多纳也演唱了一曲足球探戈。经历了20多年的等待，两名球王的命运终于走到了一个起点。

人有一分器量，便有一分气质；人有一分气质，便多一分人缘；多一分人缘，必然多一分事业。宽容，是一种智慧。

有句话说得好：大其心能容天下之物，虚其心能受天下之善，平其心能论天下之事，廉其心能观天下之理，定其心能应天下之变。宽容，对人对己都可成为一种最高尚的精神援助，要想成大事，先学会宽容。

第十三章 心怀光明，努力前行

有准备才有成功的机会

“队伍不能闲下来，一闲下来就会生锈，就像不能等到打仗时才去建设队伍一样,不打仗时也要建设队伍。”在泡沫化严重的年代,任正非迎难而上,通过艰苦奋斗带领华为冲破一个又一个难关。

“不打仗时也要建设队伍”这是一种未雨绸缪的做事态度。机遇和成功不是随便就能获得的,有准备的人,才有可能与之碰面。

阿尔伯特·哈伯德生在一个富足的家庭，但他还是想创立自己的事业,因此他很早就开始了有意识的准备。他明白像他这样的年轻人,最缺乏的是知识和必备的经验。因而,他有选择地学习一些相关的专业知识,充分利用时间,甚至在他外出工作时,也会带上一本书,在等候电车时一边看一边背诵。他一直保持着这个习惯,这使他受益匪浅。后来,他有机会进入哈佛大学,开始了一些系统理论课程的学习。

阿尔伯特·哈伯德对欧洲市场进行了一番详细的考察,随后,他开始积极筹备自己的出版社。他请教了专门的咨询公司,调查了出版市场,从从事出版行业的普兰特先生那里得到了许多积极的建议。这样,一家新的出版社——罗依科罗斯特出版社诞生了。

由于事先的准备工作做得充分，他将出版社经营得十分出色。阿尔伯特·哈伯德不断将自己的体验和见闻整理成书出版，名誉与金钱相继滚滚而来。

阿尔伯特并没有就此满足,他敏锐地观察到,他所在的纽约州东奥罗拉,当时已经渐渐成为人们度假旅游的最佳选择之一,但这里的旅馆业却非常不发达。这是一个很好的商机,阿尔伯特没有放弃这个机会。他抽出时间亲自在市中心周围进行了两个月的调查,了解市场的行情,考察周围的环境和交通。他甚至亲自入住一家当地经营得非常出色的旅馆,去研究其经营的独到之处。后来，他成功地从别人手中接手了一家旅馆，并对其进行了彻底的改造和装潢。

在旅馆装修时，他根据自己的调查，接触了许多游客。他了解到游客们的喜好、收入水平、消费观念，更注意到这些游客是由于厌倦繁忙的工作，才在假期来这里放松的，他们需要更简单的生活。因此，他让工人制作了一种简单的直线形家具。这个创意一经推出，很快受到人们的关注，游客们非常喜欢这种家具。他再一次抓住了这个机遇，一个家具制造厂诞生了。家具公司蒸蒸日上，也证明了他准备工作的成效。同时他的出版社还出版了《菲利士人》和《兄弟》两份月刊，其影响力在《致加西亚的信》一书出版后达到顶峰。

阿尔伯特深深地体会到，有准备才有成功的机会。因此，他不但自己在做任何决策前都认真准备，还把这种意识灌输给他的员工。不久之后，“你准备好了吗”已经成为他们公司全体员工的口头禅，成功地形成了“准备第一”的企业文化。在这样的文化氛围中，公司取得了前所未有的成就。

同样，如果我们想获得成功的机会，也应当像阿尔伯特·哈伯德一样，在行动之前做好充分的准备。

成功的企业在行动

华为技术有限公司，一个总部设在中国深圳的国际电信设备商，2008年提交了1737项PCT国际专利申请，超过了第二大国际专利申请大户松下(日本)的1729项，和皇家飞利浦电子有限公司(荷兰)的1551项。

这样辉煌的创新成果，是任正非对于技术创新重要意义的领悟的结果；是不惜巨额亏损、大胆投入的结果；是踏准电信技术的演进道路，倾尽全力的结果；是数以万计的研发队伍夜以继日、默默探索的结果。

胆怯会畏缩不前，缺乏眼光会因循守旧，真的勇士，才敢于披荆斩棘，以无比的勇气和智慧，开拓出属于自己的天空。由于创新和行动力，华为才能够与跨国企业在同一平台上竞争，取得发展机遇，才拿到了通往国际的通行证。

大多数人都是知之多于行之，没有主动去运用自己所拥有的丰富知识和经验，没有把知识和经验当做一部分工具来使用。正如彼得·德鲁克所说的那样：我们大多数人都只关注于把我们知道的东西划分到不同的专业领域去，而非竭尽全力去运用知识的力量来应付各种不同的问题。

方案再完美，如果不去实行，就一点价值也没有。成功的企业实际上和它们的顾客靠得很近，即其他的企业在谈论，而成功的企业则在行动。这就是成功企业与一般企业的不同之处。

CNN的总经理汤姆·约翰逊说，他总是尽量在24小时内回复所有的信件与电话。

那些失败的公司之所以失败，最重要的一个原因就是只设定了一个远大的目标，却很少关心如何实现这一目标。仅仅是对问题作出界定还远远不够，更主要的是行动，是马上实施解决问题的方案和措施。然而在现实中，“说”代替了“做”的现象存在于许多企业。

在企业中，管理人员将讨论、撰写作为企业工作的重心，重视制订计划、会议研讨、准备书面材料等案头工作，将纸上的演示代替了执行的落实。另一种现象是把企业信条或价值观以某种方式表达出来（如印刷小册子给员工、客户，或是印在海报上），但是这样做的只是表面，希望得到的结果不会自动变成现实。用企业的信条代替行动是战略目标得不到落实的最普遍的一种形式。

远古的时候，有两个朋友，结伴去遥远的地方寻找人生的幸福和快乐。他们一路上风餐露宿，在即将到达目标的时候，遇到了一片风急浪高的大海，而海的彼岸就是幸福和快乐的天堂。

关于如何渡过这片海，两个人产生了不同的意见。一个建议采伐附近的树木造成一条木船渡过海去；另一个则认为无论哪种办法都不可能渡得了这片海，与其自寻烦恼和死路，不如等海流干了，再轻轻松松地走过去。

于是，建议造船的人每天砍伐树木，辛苦而积极地制造船只，并学会了游泳；而另一个人则每天躺下休息睡觉，然后到海边观察海水流干了没有。

直到有一天，已经造好船的朋友准备扬帆出海的时候，另一个朋友还在讥笑他的愚蠢。

不过，造船的朋友并不生气，临走前只对他的朋友说了一句话："去做每一件事不一定都成功，但不去做则一定没有机会获得成功！"

我们不能做思想上的懒汉，但也不能只躺着思想，还要站起来行动！所以从今天开始就做力所能及的事情。要摆脱没有结果的困境，你就必须遵循以下原则：

切忌把问题复杂化；

做了再说；

主动帮助别人；

与同事精诚合作；

不找任何借口；

切忌空谈，任何时候都关注落实和结果。

抓住机遇，迎来春天

沉舟侧畔千帆过，病树前头万木春。2001年，面对IT业的严冬，在危机战略思想的指导下，任正非开始大调整，以运动战来度过寒冬：在欧洲电信商的家门口，华为拿下了法国、德国、东欧的大批电信合同；在中亚，华为血战朗讯，扫荡了一个又一个中亚国家的市场；现在，华为的销售大军已深入南美丛林和非洲大漠，一个接一个地攻占市场。英国《金融时报》惊呼，中国的华为正在改写全球电信业的生存规则。2003年，华为成功演绎了大战思科的经典之作。

这是华为国际化路途中不能不提的一场战役。任正非指挥的这场“围剿战”持续一年，在思科状告华为侵犯其知识产权时，任正非一边在美国调用当地最好的律师对阵，一边结盟思科在美国的死对头3COM公司，就在官司最关键时刻，华为宣布的这一结盟消息使思科腹背受敌。华为思科案虽然最后和解，但任正非在这场跨国官司中的策略是任何公司都无法轻视的。

早在2008年年初的一次内部会议上，任正非就表示，华为会是即将到来的经济危机中最大的受惠者。为什么任正非敢如此论断？这是因为华为的业务布局更合理，拓展国际市场的优势更为突出。而支持华为做出更合理布局、在国际市场上取得更大优势的，是华为的管理体系，其表现就是华为“双核”的另一重心——核心竞争力。

冬天对于优秀的企业来说永远是一个机会。2009年8月，思科首席执行官约翰·钱伯斯在接受《纽约时报》采访时说道：“我从管理大师杰克·韦尔奇身上学到了另外一个经验。那是在1998年，那时我们应该是全球最有价值的公司之一，当我向杰克·韦尔奇询问：‘需要付出什么才能成为一个伟大的公司？’他说，需要遇到很大的困难，然后克服。我迟疑片刻，然后说：‘嗯，当然，我们在1993年和1997年的时候确实经历过困难，那时候赶上了亚洲金融危机。’他说：‘不，约翰，我指的是致命的打击。’那时候我对他说的还不能透彻地领悟。到2001年，我们真的遭遇了致命的打击。我们从一个最有价值的公司沦落到很多人对我们的领导力产生怀疑。接着挫折过后，到2003年，韦尔奇给我打电话说：‘约翰，你们现在可以成为一家伟大的公司了。’他是对的，正是那些致命的打击让我们不断壮大，你绝对不想浪费危机带来的发展良机。”“我们每次都能变得更加强大，拥有更多的市场份额，进军更多的相邻市场。”钱伯斯表示，“1993年、2001年、

2003年，这几个年份是思科在成长历史中经历过的一些挑战时期，但每一次我们都抓住了机会。在危机之后，我们的市场份额增加了，实力增长了，市值也提高了。”

能否安全地度过冬天、迎来春天，取决于企业能否在冬天中抓住机遇。很多人说中国的实体经济有很久的冬天，预计可能有9—12个月的过程，而互联网可能就是6个月的过程。6个月一眨眼就过去了，但会带给大家更多的思考。

做好准备，提高预见力

《华为的冬天》，任正非的一席话几乎成为业界流传一时的“教材”，之所以产生这样的效果是因为任总对华为企业发展的忧患意识让业界人士产生了深深的共鸣。可以说，如果没有自上而下强烈的忧患意识，所有的危机预警机制都会形同虚设。微软董事长比尔·盖茨说过，“微软离破产只有14天”。而这个全球目前市值最高的软件巨无霸，之所以能经历一次次包括来自美国司法部及各同行的“围剿”而安然无恙，恐怕与这种深刻的忧患意识不无关系。

企业的危机是不可预测的吗？在我们回首看许多企业所面临的危机时，就会发现，几乎每一次危机都有事前的征兆，可能这种征兆大家已经见怪不怪，熟视无睹。问题在于这些事前的征兆究竟在多大程度上得到了重视，在哪些方面采取了切实有效的对策，是否真的解决了问题，排除了危机大范围爆发的可能性。

“华为的冬天”带给我们这样一个重要的启示——最危险的情况是你不去思考可能出现的危险。在企业经营的过程中，危机总会不知不觉地到来，因此，企业就要预先做好准备。怎样做准备呢？那就是时刻树立危机观念，对企业的不足之处加以改进，从而使企业健康快速地发展。

清华大学公共管理学院危机管理课题组、零点调查和中国惠普有限公司曾经共同对企业危机管理现状进行调查，结果显示：内地45.2%的企业处于一般危机状态，40.4%的企业处于中度危机状态，14.4%的企业处于高度危机状态，这就意味着有一半以上的企业处于“十面埋伏”之中。

企业就好像是一艘在风雨、礁石、海浪中穿行的船，只要不停止航行，危险就一直存在。然而风起于青萍之末，对于企业而言，预防危机的难度在于危机的先兆可能很细小，非常容易被忽略；也可能出现的频率很高，以致麻痹了决策者的神经；还可能从先兆出现到危机爆发的时间极短，企业无暇顾及。能够从先兆中预测到危机，并提出防范危机的对策，比挽救危机更重要。而对于企业，除了提高企业的预见力，还要提高企业的抗震性。

及时树立危机意识，掌控企业发展中的每一个小问题，企业才能在竞争中顺利前行。

保持冒险精神

在泡沫化严重的年代，任正非迎难而上，通过艰苦奋斗带领华为冲破一个又一个难关。

1991年12月，华为通过了新型用户程控交换机全部的基本功能测试，高温及链路老化测试整机性能稳定，电话打出接入畅通、音质良好。公司正式宣布出厂8台，产值100万元。首批BH-03(24/224)3台于1991年12月2日包装发货出厂。1991年12月31日晚，公司在蚝业村工业大厦三楼开了一个庆功会。全部员工聚集“乡下”，就着简单的自助餐，加上啤酒，开了一个简单而又热烈的庆功会，庆祝第一个有华为知识产权和品牌的产品出厂。然而事后才知道，公司在1991年收到的订货预付款已经全部用完，公司账上已经没有什么资金了，如果没有发出这批货，公司就要破产了。1991 年这一次破釜沉舟、背水一战得来的胜利，成为华为崛起之路上关键的一步。1992 年，华为的产品大批出厂，进入市场，首次产值突破 1 亿 2 千万元，利润上千万元，华为活下来了！这为华为在 1993 年研制生产出 C&C08 数字程控交换机，为进一步的发展积累了经验，奠定了基础。

1999 年，华为进入山东省菏泽地区，举目四望，已是朗讯和西门子的天下，自己连电信局的门都进不去。前两个月，华为打着解决老产品（如华为电源）问题的旗号，设法和客户接触，绝口不提销售，有机会就讲华为的企业文化和过往的华为人与事。到第三个月，电信局高层终于答应到深圳参观华为。第四个月开始，华为分批将电信局从中层到基层所有相关人员 50 多人请到深圳参观。半年后，菏泽新一轮整网招标，华为胜出。

1916 年丰田应日本贸易市场化的要求，必须与美国等外国汽车短兵相接。面对如此竞争逆境，所有的日本工厂被要求减价 20%。当时松下通信工业供应丰田汽车的收音机，因此也接到降价的要求。于是，松下问其管理人员："现在每台赚多少呢？"管理人员回答说："大概只赚 3%。""太少了，3%本身就是个问题，现在要降价 20%，这岂不太糟糕了吗？"经过再三研究，毫无有效对策，于是大家主张以办不到为由，再跟丰田讨价还价。然而，松下从根本上作策略性的思考：为什么丰田提出这个要求？如果不配合，会有怎样的不良后果？

既然以目前的情形降价 20%根本不可能，那么只有另辟蹊径，做根本的改变。最终，松下做出以下决定：性能和外观绝不可改变，在这个原则下，全面变更设计，希望在降价 20%之后依然有合理的利润。这样做，可能会有暂时的损失，然而这并非仅是为了丰田，而是为了维持与发展日本工业，大家都要尽力而为。松下公司不但依丰田要求而降价，又借着这次的升级压力，促进其产品的革命与根本的改良，以获得更大的合理利润。

世上之事能否成功，全在你做或不做。想做，再多的困难也能克服，不想做,再简单的事也无法完成。松下公司面对困难迎难而上,积极主动地解决问题,终于取得成功。

日本著名的企业家——三得利创办人鸟井信治郎“做做看”的经营理念很有创意。他的口头禅就是:“做做看,不做怎么会知道?”同时我们要以不怕失败的挑战精神,面对权威与各种逆境,终会创造出奇迹。

冒险精神是企业家精神中极为重要的一种,能否成功地运用冒险精神进行企业战略决策在很大程度上区分出了企业未来发展的层次。有了冒险精神,才能不自我满足、沾沾自喜、故步自封;有了冒险精神,也就有了克服随之而来的各种问题的勇气,也就有了前进的力量。可见,企业在发展过程中,需要一定程度的冒险精神。

正对磨难,精神不屈成功不止

在华为创立之初,当大家通过艰苦奋斗自主研发出设备来时,华为的创业元老们很兴奋,又很犯愁,因为业界知道华为的人很少,了解华为的人更少。当时有一个情形,一直深深地印在老华为人的脑海中,经久不退:在北京寒冬的夜晚,我们的销售人员等候了8个小时,终于等到了客户,但仅仅说了半句话:“我是华为的……”就眼睁睁地看着客户被某个著名公司接走了。望着客户远去的背影,华为人只能在深夜的寒风中默默地体会着屡试屡败的沮丧和屡败屡战的苦涩。

而今华为通过艰苦奋斗,获得了很大的成就,也诞生了一批久经考验,能够担当责任的干部,他们经过了千锤百炼,是“烧不死的鸟”,是凤凰。

在通往事业成功的路上,常常会遭遇各种各样的磨难,但是磨难并不可怕,在磨难中拼搏、成长正是提高自身能力的大好机会。

20世纪50年代,福特公司耗费巨资,经过10年的市场调研和精心策划,于1957年9月推出艾克赛尔中档汽车。上市后,人们反应冷淡。虽然花费巨资做了大量广告，形成了规模庞大的促销攻势，每天销售的汽车仍是远远落后于预想的数字，不久，只好宣布这次策划失败了，生产线上不再生产汽车，损失达一亿多美元。孕育了10年的计划，竟是这样令人想象不到的一败涂地，心中的理想和希望竟这样破灭了，福特公司受到的打击之大是可想而知的。

这次失败不仅震惊了福特公司，也震惊了世界，使它成为行销策划失误的经典。在经历痛彻心扉的阵痛之后，福特公司的管理人员并没有一蹶不振，他们成立了专门的项目小组分析此次计划失败的原因。他们发现，生产设计与市场的脱钩是造成计划失败的关键原因。他们得到一个认识，那就是市场调查并非万能。用10年前的市场调查指导10年后的市场行为，早已时过境迁。这是一个十分严重的错误。然而这样一个明白的道理，当是却并没有引起当事人的充分重视。分析了艾克赛尔项目的失败原因之后，他们立即投入了新的策划。萧条冷落了四年的生产线，终于在1962年又生机勃勃地运转起来了。他们推出了新策划的宠儿——野马汽车，结果一炮打响，取得巨大成功。

面对野马的成功，在惊喜之余，人们回顾走过的坎坷困境，感慨万千。正是因为福特公司员工这种在困境中毫不气馁、以微笑面对磨难的心态造就了福特作为500强企业的成功。

励志大师奥立森·马登先生认为，一个人内在的潜能，只有在困境中才会得到最大的激发；一个人向上的能力，往往也是在与各种侮辱、痛苦的搏斗的过程中壮大的。在变负为正的过程中，我们要以微笑的姿态来借助磨难进而激发自己的斗志。著名思想家和作家罗曼·罗兰认为："只有来自底层的人，才能把信念传到精神的顶峰。只有经过炼狱才能打通走向天堂的道路。"因此，在工作中，我们不应当回避问题，害怕困难，而要以一种平常心态去对待它、克服它，一旦经过这些磨难，再回首的时候，你会发现，一切不过如此。

附 录

2017年1月任正非在市场工作大会上的讲话

我很高兴,在过去一年,我们取得很大成绩;我也高兴,在新的一年,我们正确认识了自己。新年开始,炮火声声,从总裁办电邮001号文件《少些浮躁,深入纵深》开始,王盛青的炮火迎接了新年。邹志磊、王盛青还邀请了四五十名网友座谈,昨天他们已将访谈内容贴到心声社区,我认为讲得很深刻,大家都在积极参加对华为未来的设计。

未来是什么?有利润的增长、有现金流的利润,去除干部身上的浮躁,转变到踏踏实实为客户服务。我们要不断简化流程,提升效率。我们重点表彰了两个体系:一个是GTS有了很大进步,虽然刚开始,但让我看到了光明;另一个是170个国家的账实相符,170多种货币,1万亿美元的流通量,差错率比银行低100倍,社会上有人评价比银行的水平高,这是很伟大的。去年我们通过了《关于"11 · 30日落法"的暂行规定》,很多网友反馈华为审批太复杂,我也观察了审批,一件小事可能在华为的流程也极其漫长。现在我们已经开始在成熟领域做减法,华为正在走向新形象:踏踏实实做事,向一切优秀的人学习,就能前进。

一、坚决遵守干部八条,建立一支有铁的意志、铁的纪律、思想活跃、生龙活虎的奋斗队伍

今天干部改进工作作风八条宣誓,我既感到荣耀,也很感慨。外界社会很浮躁,我们内部小小的地盘能讲实话,不容易。账实相符和账务改进是很优秀的,而且是在多数人因为学历不高,都在12级以下的情况下改进的。我们前两三年已经把阶级分界线切除了,让职业人士和精英专家在同一个垂直方向上开始晋级。华为需要这样的员工,需要这样的精神。我们需要更多员工讲真话,我很高兴,看到心声社区上很多人发言不穿马甲了,说明公司已经开始有讲真话的氛围了。如果敢于讲真话,就是一代将星在

闪耀，不怕被打击。可能在一段时间、局部地区会受到挫折，但是将来迟早会闪闪发光。各级干部要积极认识敢批判华为的人。

1.面对客户要说真话，我们公司应该有信心讲真话；面对上级不说假话，不搞假动作，浪费太大，作风太差；面对同志要襟怀坦白，心直口快，直言不讳，善于磋商，这样就会产生真实为客户服务、创造价值的解决方案，以及由始至终的毅力和坚守。如果大家总是去盯着竞争对手，最终会不知道客户的需求和价值体系是什么。

高级干部内心强大的表现是经得起批评，真金不怕火炼。世界上肯定会有不同意见，我们一定要有战略自信，这个自信首先是不怕别人批评。本来这个世界上就不可能人人说你好，更何况一枝独秀呢？公司更要如此，别背上荣誉的包袱。多听听别人的批评比表扬的麻药好。高级干部要有强大的心理、开放的胸怀，才能迎接做好世界领袖的准备。我们接纳所有意见，吸取有益的部分。能量不一定都是好的，要去粗取精，去伪存真，由此及彼，由表及里。

2.我们的业务越来越大，覆盖的地域越来越广，尽管我们建立了制度和流程，但我们监管难以无缝，还是要靠干部、员工的自律，这样才能降低管理成本，以及大量发现和选拔培养干部。优秀干部的创造，一方面要创造价值，一方面通过管理、治理、内控……来控制住问题的产生。越是制度化、流程化，越是需要各执守人的自觉，这就是西方的法治加宗教。公司建立了制度，还要自觉遵守，否则建立层层城墙去挡住，成本多高啊！

去年三项费用在代表处审结，取得了经验和教训。我们今年可能试点合同在代表处审结，加快权力下放的步伐。同时，抽调地位高、能力强、敢负责的干部，加强监管队伍的建设，使授权是真正的，而不是表面的。合同审结比三项费用审结还要复杂，我们从中、高级干部抽调一部分人员去监管队伍，让各级主官去冲锋。监管人员的地位也要与相应业务团队对等，让一定级别的人去管住一定级别的人。

3.我们要敢于去拥抱这个快速变化的时代，也要敢于去拥抱全球化。

这个时代一定是全球化时代，无论将来会产生多少风波，我们也要努力去实现全球化。每个人都把自身置在这个浪潮中，努力地划桨，不管到达什么位置，一生都是无愧无悔的。我们不要总追求自己的人生目标要登顶，即使没有登顶，爬到山腰或者其他任何位置，也很光荣。我曾说过“都江堰疏导不了太平洋”“八百里秦川何曾出过霸王”“秦淮河边上产生不了世界领袖”“北京没有户口指标成不了科技中心”……是逼迫我们这一代人就要成为世界领袖，而不是繁衍几代后才是。我们一定要冲到国际化队伍的前列去，不要成为“空军”司令，一定要接地气。高级干部及专家到前方去（前方不是物理位置，流程改革、研发……都是前方），直接参加从端到端的洗礼，从机会到变现，要认识全过程；世界有很多战略高地，到战略资源聚集地去，参加探讨，扩大视野，有人说“你都没有去过世界，哪来什么世界观”，这句话很精彩；到管理一线去，真正体会梨子的味道……到实践中去取得成功的经验，为担负更重要的担子取得资格。努力树立起为全世界服务的精神与思想。

战略预备队的意义，面对不确定的未来，我们的干部、员工要转换思想与技能，才能不被淘汰。我们都要遵守干部八条，也不局限在这纲领性的八条，可以延伸出来，应该还有很多可取之处。

二、从铁的奋斗洪流中选拔成千上万的接班人

1.在实践中方显奋斗本色，通过流动保持组织的活力。

公司决定今年破格提拔“4000+人”，我们让优秀人员快速成长，但是以责任结果考核干部的政策不变。

我们一定要加强中、高级干部和专家的实践循环，在循环中扩大视野、增加见识，提高能力。这就是熵减。万物生长是熵减，战略预备队循环流动是熵减，干部增加实践知识是熵减，破格提拔干部也是熵减，合理的年龄退休也是熵减……我们不能让惰怠在公司生长。一周只有40小时用于工作，是产生不了科学家、艺术家的。公司有些年轻人踏踏实实做事，成长很快，你们要去研究一下。

我们一直认为，中、低级员工可以温暖幸福、快乐平凡，因为他们是被指挥者，除非他们胸有抱负，或者被末位淘汰。平凡是什么意思？就是相对而言收入不高，但是也够花，因为根据不同责任、不同贡献有不同待遇。但中、高级干部、专家和有追求的中、低级员工，应该勇于到洪流中去，向一切有经验的人学习，当然也可以向市场人员学习，他们在战争的国家、艰苦的地区，不也是远离家人吗？既然胸怀大志，就要有相应的付出。我们要增加专家和专业人员的数量配置，公司运行规范化后，主官的数量减少，专家及专业人士增加。我们的事业越来越复杂，主官不可能像小公司一样事事都明白，主官对不确定性的决策来源于专家及职员大量的贡献。

国内研究所的管理团队必须是国际化水平、全球化视野的，不能出现本地化团队。否则成为“中国风”，慢慢就沉淀下来了，然后只有两种可能，一种是逼迫大规模换血、淘汰，另一种则是逐步在此基础上改良，让干部、专家走向战场。上战场去，让生命的火花放射光芒。只有循环流动起来，才能熵减。因此，干部和专家的流动一定要制度化，常务董事会已经形成了关于干部流动原则的决议，要形成细则，逐步落实。要具有全球化水平，而不是孤芳自赏。通过流动拓宽视野，丰富经验，完善技能，才能胜任管理规模庞大、高度复杂的业务。

2.敢于破格使用人才。

人的工作生命其实很短，这讲的是生理生命。由于技术的飞跃发展，不是人人到老都能不断追日（追上时代步伐），知识生命更短。我们自己一定要在最佳时间、最佳角色，作出最佳贡献。组织也一定要在他冲上甘岭时，多给他一包方便面。我们今年将要破格提拔4000—5000名优秀员工，是否可以按去年的组织绩效结果，把指标分到各个团队。我们一定要培养一批勇于担责、善于担责的优秀领头雁。人才也要贯彻日落法，飞不动了，可以排到雁行的后面，顺风省力一些。领头雁需要很勇敢。

我们要相信绝大多数员工是英雄。这是一个英雄辈出的时代，华为的英雄会越来越多。“天将降大任于斯人也，必先苦其心志，劳其筋骨，饿其体肤，空乏其身，行拂乱其所为。”每一个英雄要有奋斗精神，也要有奋斗技能，所以我们对英雄没有一定的模式和要求，更多的是鼓励。我们要形成一支英勇无畏、头脑清醒、方向清晰的奋斗队伍。在集体主义中的个人主义是允许的，因为每个人都有差异，每个人都有自己的思想。但是个人主义是为了这个集体，使我们的队伍五彩缤纷，在竞争中团结，在团结中竞争。华为公司就是典型的个人主义，我们的个人主义就是要创造价值，为国家作出贡献，至少给中国政府缴了3000亿元的税。我们的集体主义就是国家主义。

是英雄，还不是英雄的人，我都认为他是。在山脚下一拍他肩膀，他扛着炸药包就冲上上甘岭了，怎么不是英雄呢？“遍地英雄下夕烟，六亿神州尽舜尧。”我们对英雄要有正向肯定，过去我们360度考核，可能总在挑英雄的缺点，不是挑优点，考核方式需要改变。我们各级干部对人要多鼓励，不要指责过多，当大多数人沉默的时候，就麻烦了。人的见识比知识更重要，我们还是强调以贡献为中心，不是因为学习成绩好，就被提拔、涨薪。

如何能够培养一批优秀干部，在历史的关键时刻站到第一线去？这是我们的命题。因为华为迟早要面临接班问题，人的生命总要终结。华为最伟大的一点是建立了无生命的管理体系，技术会随着时代发展被淘汰，但是管理体系不会。华为活下来，才能使管理体系生存下去，这是宝贵财富。如何让优秀干部成长起来，能够承担责任和创造价值？我们要向很多人学习。

3.长江后浪推前浪，不废江河万古流。

我们处在一个伟大的时代，我们已经站在一个良好的平台上了，我们要立志为人类的发展作出贡献。经过28年的努力，我们的变革终于开始落地。运筹不在帷幄而在沙场，决胜不在千里而在心里，所有人都要走向前线。“我劝天公重抖擞，不拘一格降人才。”破格选拔那些有成功实践经验，或在本职岗位十分认真负责的人。我们在这大河奔腾中努力划桨，不要落后于时代的要求。历史总是会优胜劣汰的，我们力争晚一些淘汰我们，但我们永远左右不了历史，我们只有努力在顺应历史中，顽强地表现自己。“千古兴亡多少事，不废江河万古流。”多少公司在繁荣鼎盛时期轰然倒下，鲜花的背后可能是墓志铭。别人的教训，就是我的座右铭。但愿鲜花的后面，仍然是绿茵。

2016年1月任正非在市场会上的讲话

一、要敢于在战略机会点上，聚集能量，实施饱和攻击

当前4K/2K/4G和企业政府对云服务的需求，使网络及数据中心出现了战略机会，这是我们的重大机会窗，我们要敢于在这个战略机会窗开启的时期，聚集力量，密集投资，饱和攻击。扑上去，撕开它，纵深发展，横向扩张。我们的战略目的，就是高水平地把管道平台做大、做强。

在知识产权的核保护伞下，要加快170个国家的终端业务的布阵点兵（巴西例外），在终端组织能力不强的国家，各区域、代表处要尽快成立终端的销售、服务组织，与终端同考核、同待遇。对于战略重点市场，终端组织可以插进去直线管理，原创立代表处组织仍然要分享成功。对于非战略机会市场，可以交给当地代表处管理，消费者BG不要在这样的市场上耗费宝贵的精力，要聚焦能够形成规模的市场并努力尽快将这些市场做大。终端要敢于5年内超越1000亿美元的销售收入，在结构上、组织上、模式上要好好考虑。同时要保证合理盈利，库存风险可控。我们一定要立足打造中高端品牌，通过中高端带动中低端的销售。

企业业务要抓住成功的部分，先纵向发展，再横向扩张。智慧城市、金融行业的IT向云架构转型、电力行业的数字化、政府和企业对云服务的需求，都是重要战略机会。平安城市是智慧城市的一个抓手。千万不要大铺摊子，失去战略聚焦的机会。

“一切为了前线、一切为了业务服务、一切为了胜利”，也许会成为变革时代的一个标志性口号。我们要在10年内实现大体系支撑下的精兵战

略,逐步实行资源管理权与作战指挥权适当分离。指挥权要不断前移,让优秀将领不断走向前线,灵活机动地决策。以代表处为利润中心,对结果承担责任,指挥权、现场决策权首先移至代表处。当然监督权也要不断前移,子公司董事会经过几年的发展,通过立足一线,不断摸索,在内、外合规的管理上已经逐步成熟,效果开始显现,我们在个别国家可以开始对一线业务部门实施授权试点。要扩大在代表处审结的内容与范围,这就是权利的下放。流程要纵向、横向打通,要让听得见炮声的人能呼唤炮火,能呼唤到炮火。

要逐步形成各领域的专业职员层,他们不需要循环流动,不需要跨领域成长,只需要对自己的操作熟练、及时、准确。他们可以本地化、不受年龄限制,可以快乐地度过平凡的一生。使确定性的工作,能简单、快捷;指令性的错误,应由指令下达者负责。

加快行政服务的市场化与慧通碎片业务的私有化进程,它们的任务是繁荣园区,减少职员。

二、要不拘一格用人才,让胜利的旗帜高高飘扬

我们要对各级优秀干部循环赋能,要在责任结果的基础上,大力选拔干部,内生成长永远是我们主要的干部路线。我们要用开放的心胸,引进各种优秀人才,要敢于在他们能发挥作用的方面使用他们。

我们要不拘一格地选拔使用一切的优秀分子,不要问他从哪里来,不要问他有何种经历,只要他适合攻击“上甘岭”(各部门、各专业、各类工作……不要误解了,只有合同获取才是上甘岭)我们对人才不要求全责备。求全责备优秀人才选拔不上来,“完人”也许作不出大贡献。除了道德遵从委员会可以一票否决干部外,对工作中的差错要宽容,不抢答的干部不一定是好干部。看风使舵、跟人站队,容易产生机会主义,选拔各级干部要实行少数服从多数的表决制,向上级团队报告应是本团队的集体意见,应告知上级团队每一个人。私下与上级团队沟通的内容,以纪要形式再在上、下两级团队中沟通,对破格提拔的,推荐人要在两年内承担连带责任。

即使道德遵从委员会的一票否决，但否决期只有六个月，六个月后可以重新提名，已改正的，不再否决，就可以使用。不要随意否定一个冲锋的干部。我们一定要促使千军万马上战场。

精英我们不要理解为仅仅是金字塔塔尖的一部分，而是存在于每个阶层、每个类别，有工作的地方，就有精英。做面条有面条精英，焊接精英、咖啡精英、支付精英、签证精英、仓库精英……我们的政策要覆盖激励所有精英，形成组织合力，千军万马搞好质量，提高效率，增加效益。

我们要精减非主航道、非战略机会点项目的编制。要千军万马去抢夺战略机会窗开启时期的胜利。我们要的是胜利，不是过程。各主战场部门，不要排斥其他项目调整进入的骨干，不要借口他们的专业不合适。颠覆往往都是外行人干的，年轻人从事的工作往往与他所学的专业无关、颠覆旧中国的是两个医生。在一些战役关键时刻，战略预备队也打光了，常常是卫生员、炊事员、理发员、警卫员、通信兵……组成的杂牌部队投入进去，是赢得胜利天平的最后一根稻草。各级主管要有全局观，让干部循环流动起来，你不放一些优秀干部走入主战场，让他们失去立功的机会，结果，比他们更年轻的人升为将领，他们会真心拥护你吗？你辖区的新生力量没有了晋升机会，他们会拥护你吗？你以为扣住人你就会成功吗？君不知20多年来，华为走出去多少优秀青年，留下我们这些“傻子”，他们不走有我们这些“傻瓜”的机会吗？他们把胜利的光荣让给了我们，我们不是受到家人的表扬了吗？我们既然胸怀世界，就要敢于气吞山河，团结一切你不愿意团结的人，反对过你而且有反对了的人，也包括反错了的人。

我们要提高作战队伍的能力，“少将”连长首先必须是少将，他们必须具有管理确定性的能力，以及对不确定性事情有清晰的视野与方向感。连队也必须具有师一级的火力。机关的主管，必须有成功的实践经验，而且必须不断循环上战场，为何不可以再有“中将”班长呢？少将上前线，不仅自己贴身现实，而且对年轻苗子的感染力，是非常有力的传帮带。

我们要坚持每年从应届生中招收不少于5000—6000人的新生力量，不让我们的作战梯队有断代的问题。“蓬生麻中，不扶自直”，80后、90后是有希望的一代，“蚊子龙卷风”“牵手”“被绑匪树立的‘楷模’”……不是一代将星在闪烁吗？

我们年轻人不仅仅要有血性，也要容许一部分人温情脉脉，工作慢条斯理，执着认真，做好狈的工作。“一切为了胜利”是我们共同的心愿。这就是“狼狈”合作的最佳进攻组织。

一切作战主管，关注的是胜利，要把确定性的事权，分给职能部门；一切平台主管，眼睛应是盯着前线，驱使自己的部门，及时、准确提供服务与支持，你们的考核是你们服务事项的结果。前方打了败仗，你也是败将。我们要善于在成功中找到失误，在失败中找到为什么，古人尚有退堂思，我们自己难道就不能总结反思一下吗？失败中也有英雄，主管的失误不要掩埋将士的努力，他们中也有可歌可泣的。

我们各级主管的目标与责任要清晰。责任结果为导向的考核机制，导致内部的机制简单，风气正派，脑袋对着客户的勇士更多。责任结果导向，必然是优秀干部辈出，迎合作风消失。

基层干部我们要重视他们的意志力，毅力的培养和选拔，他们努力奋斗，一时成绩不佳，要帮助、辅导；中、高级干部是重视他们的组织能力与协调能力，要学会激活整个组织，充分利用平台，学习别人的经验；高级干部要培养他们的方向感与节奏控制。方向是什么，方向就是面对目标的位置；节奏是什么，审时度势，因势利导，就是灰度。

凡是工作得好的，都是分权合理的部门，事无巨细、眉毛胡子一把抓的人，就不适合作为主管。

三、我们要坚定不移地在主航道上奋勇前进

面对目标我们也要有灵活机动的战略战术。一线主管的目标是胜利，是责任结果评价你们，而不是像士兵一样的以简单的服从为天职。时代呼唤我们，我们要用自己的青春去创造奇迹。

一旦战略方向及布局确定后，我们要坚定不移前进，绝不动摇，毫不犹豫。未来二三十年的世界会爆发一场巨大的技术革命，这是人类社会五千年来不曾有过的，其深度、广度我们还想象不到。但是过去的20多年，我们十几万人一同努力划桨，已经把华为的航母划到起跑线上了。我们要力出一孔、利出一孔，密集炮火攻击前进，努力进入无人区。当我们逐步走到领先位置上，承担起引领发展的责任，不可以自己为中心，不能以保护自己建立规则。我们要向ITU\3GPP\IETF学习，建立开放的架构，促使数万公司一同服务信息社会，以公正的秩序引领世界前进。没有开放合作，我们担负不起为人类信息社会服务的责任，所以，我们要像3GPP一样的开放，像苹果、谷歌一样的链接数十万合作伙伴，持续建设和谐的商业生态环境。以自己为中心迟早是要灭亡的。

我们也绝不在困难面前退缩，也不在负议论中犹豫，不然大军突然转向会一片混乱。千军万马必须谋定而后动，大战役也无密可保，我们现在就是征求意见：方向对不对；时间是不是到机会点了；20多年来我们储备的能量够不够；战略后备部队的前仆后继有没有准备好；有没有挫折时的预案……我们即使有了正确的战略，我们现在的各级主管与专家有没有胆略。当然我们也会在行进中不断完善，从机制和制度上，全面构建自我批判的能力，通过自我批判不断纠正方向。特别是决心形成的未来两三年中，我们会不断地听取所有批评，不断纠偏。

我们的组织变革，流程变革要支持我们的战略。变革应使到达目标更简单，更快捷，更安全。

胜利鼓舞着我们。我们一定会胜利的，因为我们的面前是“蚊子龙卷风”“牵手”……背后是十几万英勇的员工，我们没有不成功的理由。

2016年任正非在市场年中会议上的讲话

人类社会要转变成智能社会，这是一个客观规律，谁也无法阻挡，我们要看到人工智能对社会产生的积极正面作用。我们要有战略自信，勇敢地去拥抱挑战。第一个信心就是有机会窗，管道扩大和流量增大创造了巨大机会；第二个信心是我们这支队伍能挑得起来。形成这支队伍非常不容易，历经了二十八年磨难，也曾栽过跟头，也曾从泥坑里爬起来，我们犯过多少错误，才修正到今天的状况，而今天的修正是否科学？谁知道。过去的奇迹是我们这群人创造的，接下来我们还要创造更大的奇迹。当然，今天我也会讲到一些不足，那是给大家提升成为将军之路的指引。

一、机会、风险、战略自信

1.机会：高清图像需要宽带的低成本；AI、VR、AR需要网络的低时延。

智能社会的出现需要两个基础条件：第一，高清图像需要宽带的低成本；第二，AI、VR、AR需要网络的低时延。这两者不是要求同时实现，带宽的低成本在未来3—5年内，需求非常迫切；网络的低时延可能未来5—10年迫切需要。这是时代的两个机会窗，我们如何去实现？

世界最大的计算机用于研究蛋白质分子，现在要研究人脑，应该比研究分子还厉害，大家可以想象人工智能的传送量要有多大。如果在座一半是真人，用脑袋在算，没有传送出来；另一半是机器人，计算出来要发送到数据中心，这就给我们提供了巨大的流量机会。到底是把芯片放在“脑子”里，还是把“脑子”放在芯片里？这又是一个概念。

所以，华为的大机会是什么？大信息流量，机会窗已经对我们打开，需求应该是很巨大的。

我们为什么一再强调要聚焦主航道呢？就是因为自信我们对未来的大机会、机会窗的假设是正确的，我们不会贪图小利和眼前利益而迷失了方向，丢掉了大机会。

2.战略自信：28年“力出一孔、利出一孔”的厚积薄发，资本与劳动的分享机制，集体奋斗的精神是有独特竞争力的。

首先我们要感谢苹果公司，当年网络流量开始接近增长很慢的时期，如果没有苹果公司推动的移动互联网，华为可能已经垮掉了。现在是大互联网时代，未来的物联会取代互联网，其流量更大。假设这个目标是正确的，假设大信息流量传送是正确的，假设我们去做内容处理一定不会成功，我们就应坚守在流量传送的管道领域，流量管道越来越粗，这就给我们提供了机会。华为这二十八年来的努力，使得今天能够厚积薄发。在大信息传送领域，我们有可能到达无人区。所以，我们要建立一种战略自信。我们相信，在这个大机会时代，我们一定能够抓住机会；我们相信，我们的队伍将来能承载2000亿美元销售收入的目标。当然，我们的队伍不要为1500亿、2000亿美元的口号所累，不要穿上红舞鞋。公司说的这个目标，是在指引公司的结构改革、机制改革、流程改革……以适应未来真正能达到时，我们的能力能与之相适应，不是指标，不是KPI，而是核心竞争力，否则我们就是叶公好龙。

（1）“以客户为中心”市场竞争体系的建设，170个国家的组织建设，一支英勇的队伍已形成。

我们用了28年的时间，建立了全球的市场体系，落实了组织建设，流程基本到位。但是我们的能力还没有完全激活，如果激活了，我们还会有更大的希望。

我去过艰苦国家的代表处，已经感到大家在进步，现在IT部门给艰苦地区很好的支持，网络也比较发达了。在艰苦地区工作就是英雄，英雄同时也要加强学习，利用各种方法，把英雄的忠诚转换成能力提升，华为公司需要很多具有综合能力的干部。大国工作很难使自己的能力综合化，因为大国垂直部门分得很清。而在小国工作更有助于综合成长，就跟“东北乱炖”一样，要会销售、会财务、会装机，讲得清楚解决方案……如果我们去到那些小国、艰苦地区，只是为了拿高补助，积累一些钱，怎么能叫做为自己的前途负责任呢？

小国人少，每天饭后喝杯咖啡，一人准备一个案例。你准备韩国超宽带的案例，我准备中国西藏地区的案例。把责任地区的网络拓扑图反复推演，把卫星图叠加上再看看，分析分析先进的案例如何落在这个叠加的拓扑图上，机会点不就来了吗？运营商不就欢迎你了吗，不就成将军了吗？听说有个小伙子不断测算一个Juke模型，利用这种方法提升自己。

我们要关心在小国及艰苦地区的员工，要多给他们一些培训，有利于他们从英雄转到将校。

(2)客观上，研发为公司的发展作出了较大贡献，研发要面对新技术探索，更要面对客户需求综合，以及需求的敏感度。一定要制造合乎客户需求的产品与服务。

昨天大家对研发提了很多问题，研发“以客户为中心”的精神正在退化，但是我们还是要客观肯定研发作出的巨大贡献。虽然我们用世界级巨额的研发投资，为什么没有产生世界级的成果？但是其中一部分是培养了人才。这么多年的成长，我们是花了很多冤枉钱，比如IMS走错了路，接下来SDN又“起个大早，赶个晚集”。这就是无人区难的地方，因为没有人领路，自己摸索往前走，一走就容易走错路，然后后面的人都超越了我们，现在着急了。大家也不要因为犯了这些错误就感到郁闷，毕竟我们大多数还是“农民”出身。美国人受到先进文化教育，历200多年的发达，现阶段成长处在世界前列是自然的；而我们是“农民”出身，能做到现在的程度，其实比他们难得多。我们在技术灵魂实际上已经西化了。在此，我们要感谢所有员工的功勋，包括离职员工。

研发的目标要从产品开发转向支持商业变现。客户需要的不是产品，而是服务和运营，研发需要将重点放在运营、服务上，才能实现商业变现。我们不要单纯地追求指标，还要考虑网络实际的体验结果，产品一定要有竞争力，一定要支持商业变现。

时代要求我们更往前走一步，研发要进一步提高对客户需求的敏感度。我们的组织建设能否从以技术分类，走向面向客户、面向需求集合。我们要思考如何把希望变成现实，如何把技术上的理想主义和客户需求的现实主义结合起来，从而来满足客户需求。我也要肯定，我去过很多研究所，看到研究所在理论研究、未来构成研究上，有非常多超前于当前社会的东西，我们面向未来还是有很大希望的。

(3)管理部门进步很大，难以想象一个中国公司这么大的营业额，问题还没有那么大。经历28年，流程化基本形成，电子化正在完善，简化正在进行。

我们是一个真正没有钱的公司，别人5个美元可以产1—2美元产值，而我们1个美元承载了4—5美元的产值。如此高效的全球资金运转，不能不肯定我们有一支优质的管理队伍。

我们的管理体系进步很大，我们在全球有241家子公司，业务覆盖了170个国家，这么大的营业额，问题还没有那么大。当然，我讲的这句话，审计可能不接受，他们说看到了很多问题。但是从营业总量来看，我们的问题不是很大，而且远隔千山万水，能做到这点也是不容易的。审计、内控作出了很大的贡献。

历经28年，我们的流程基本形成，电子化支撑也正在完善，而且我们对流程的简化还正在进行中，所以我们相信未来5年能支撑这个公司达到2000亿美元的销售收入。

(4)供应链这些年的持续改进，方向是正确的。供应链要更加开放和主动，打造一条打不烂、拖不垮的钢铁供应链。

我们公司供应链只有一条，不能垮掉，垮了公司就无法连续运行。过去几年供应链建立了贴近客户的快速供应网络，账实相符、五个一、存货ITO都有明显改进，精益制造、采购产业链管理的能力也有很大的提升。

供应链要主动延伸到产品设计和项目运作中去。可以在一线提拔一批人，像市场一样设立"供应场景师"，组成专家团队，把主要精力集中在管理不确定性工作上，负责供应场景的设计和管理，解决产品和合同的供应问题，这样就能一次把PO做准确了。

诺亚方舟的人工智能要进入供应链业务、GTS服务，我们就是要用人工智能来解决另一部分确定性工作的自动化，以及一部分不确定性工作智能化。我们已有一万亿美元的网络存量，你去哪儿找这么大的人工智能市场呀！

(5)终端在通信、图像上追上来，3 年以后在软件上也要追上世界先进。

这两年终端明显有很大进步。我们赶上了一个大好时代，终端正在做结构性调整，终端员工也很努力。在通信功能上，我们一定要做到世界第一；在图像能力上，3 年以后我们应该也是世界前列；在软件上，3 年以后要争取赶上世界先进。我看到终端在世界各个角落的覆盖很厉害，终端产品质量上的进步也是可喜的，在未来前沿性的研发投入也是不错的，而公司各个研究部门给予他们的协同也是实事求是的。

我希望终端用世界上最好的镜头、最好的音响、最好的计算能力……组装成世界上最好的手机。这些零部件不需要全都自己开发，把我们的研究系统和战略合作供应商平台全打通、全融合，共同来分享利益。即使大部分是我们研究的，也要让合作伙伴集成生产、组件供应。决不可自耕农。我们能给员工分享利益，为什么不能给战略合作伙伴分享利益呢？我们一定不能事事“自主”，成为国际孤儿。

有人说终端以后没前途，很多厂家都追得上来。但是我们想，网络的进步你怎么能体会到？你们现在把手都举起来，抓一把先进的软件下来，谁抓到了，我发奖。不可能做到，都得靠终端。终端未来的前途是无量的，但是市场需求可能是波浪式的，不知道需求会飘到哪儿去，Marketing 要及时跟上。当然，终端并不完全是指手机。终端一定是智能设备最重要的一项工具，但是这个工具做什么用，我不知道。相信我们在机会时代，一定能抓住机会。

3.风险。

(1)世界黑天鹅事件群飞，全球会产生我们想象不到的波动。我们严格的内、外合规还没有完全建立，经营的有效性、财务的健康性还有待努力。

未来 3—5 年，公司存在很大风险，华为公司必须遵纪守法，以法律遵从的确定性，应对国际政治的不确定性。整个世界风云变幻，但是我们能确定自己遵纪守法，在世界各国都不要违反法律。

子公司董事要敢于暴露问题，管理好内、外合规边界。不要触犯规矩，不要行贿、不受贿，内部不要滋生腐败，对外不要触犯当事国法律、联合国法律，在敏感地区不要触犯美国法律。要严格控制在这个范围内，我们就是商人，我们只是经商。

每个代表都不要去玩政治。代表可以做的公共关系，是以销售目的为基础的适当公共关系。如果有人喜欢做这个事情，可以调到公共关系部去。

各代表处要严把合同质量，不断提高经营的有效性。

(2)多国经济问题的积重难返。每个代表处要坚定不移地建立在高合同质量的基础上，现在我司从以销售为中心到全面建设转移的步伐，还不尽如人意。我们一定要渡过这场危机。

由于全球经济环境不良化，大客户的信用风险可能爆发，可能无法归还到期欠款：如上半年巴西Oi申请破产，印度Reliance债务风险，这都给我们非常明确的要求：华为公司的增长要建立在高合同质量上。如果国际政局上发生危机，我们公司还有钱买“老面馒头”，就活下来了。如果没钱怎么办？所以，我们不能任性地冲过去，要加强合同管理，在市场上强调提高效率、效益。特别是回款高风险国家的管理。提高预付款到账的占比，减少终验款的占比，使得今年的增长过程中还能确保有质量的增长。机会、风险，我们要将风险排在销售的前面。暂时看不到机会的国家，可以把员工撤退到战略预备队去，减少开支。

我们过去重销售，现在要转变到代表处的全面建设，每个代表处的效益增长，一定要坚定不移地建立在高合同质量基础上。我们的合同必须要有二次审批，第一次合同签订叫做配置、价格条款确认，第二次合同审批是审批合同承诺条款。区域管理部要做一个指引：合同会审，哪些条款不能省掉。巴林银行是怎么垮掉的？就是授权体系不清晰。第二次合同回审，首先要审可销售清单上，所有销售产品是否在已授权可销售清单，不在清单里的就不能承诺；第二，要审核合同条款中是否有起止年限、延期付款是否有滞纳金和利息，是否法律遵从了。

其实有些优质客户,我们并没有做成好客户。要想想这种风险,如果我们继续犯下去,可能渡不过这个危机时代。泰国代表处有一个反思,我只写三个字"真英雄",没有必要写更多的字来评价,他们敢于"刺刀见红",敢于对着自己开炮。我是真心实意表扬他们是真英雄,希望每个代表处、每个部门都敢于把自己的问题揭发出来,只要能揭发出来,就一定会有改进措施,就会朝着更美好的明天前进。

二、面对客户为中心的权力要进一步下沉

1.代表处应有客户的选择权、产品的选择权、合同的决策权,以此来推动后方的各项改革。代表处的决策权仅适用代表处不确定部分的自处,全流程的成本公司不授权,形成一定基线。

我们只把代表处不确定部分的决策下放给代表处。

我们要把全流程的一部分成本全球按流量分摊,先进行试点。

我们的考核要"一国一策",给艰苦地区一些支持。也不要认为我们以赚钱为中心,毕竟我们是履行为人类服务的理想。既然我们有这个理想,就要有实现这个理想的措施。有些地区丢就丢了,不能以此拖垮公司。

2.推动前后协调的问责机制的形成(市场对研发问责),研发如何对客户负责,Marketing如何做好桥梁。产品线应考核收入,迫使产品线必须制造符合代表处需要的产品与服务。解决方案必须使产品研发、行销、服务是一脉相通。前线也不能随意满足客户需求,严控在可销售清单内。新需求必须经过Marketing PK后,达成决议才开发。

研发如何做到以客户为中心,如何对客户负责?研发要组织民主生活会,讨论出一些措施。Marketing一定要做好桥梁,要敢于说话。如果大家都不干预产品线,他们独立做出来的产品是否符合客户需求呢?是否有竞争力呢?我们强调,代表处要以利润为中心,产品线要以销售收入为中心,代表处有产品选择权、客户选择权、合同决策权。产品线必须穿透行销、生产、服务。这样就把研发逼近向"以客户为中心"转移,否则没有销售收入,日子就难过了。

我们要建立一种良好的沟通机制，“一杯咖啡吸收宇宙能量”，地区部总裁们，你们要用一杯咖啡吸收产品线的能力，然后要推动代表去认识；代表和GTS后方的解决方案专家也要建立一种良好的沟通机制，这样我们公司才有综合能力上升，否则空军是空军，海军是海军，陆军是陆军，如何综合打赢一场战争？

建议产品线总裁和地区部总裁应该建一个微信平台，互相多交流，做好朋友。地区部要给产品线交流要什么样的炮弹，他们才能做出符合客户需求的炮弹来。这个平台可以放到心声社区上，透明公开，但加入需要提交申请。你们可以再讨论。

3.知己知彼，提升作战能力。以客户为中心，实质是认真履责、契约精神，不要轻诺、寡信。

我们有些代表处的员工既不知己，也不知彼。为什么不知己呢？不学习，闷着头干，一直原地踏步，他不知道公司的进步，也不学习先进地区的案例，所以就落伍了。比如，刚才我讲到的，我们要有一个“可销售产品清单”，你可以少选择，不可以乱承诺。正如徐直军说的，代表处可以组合产品，不能创造产品。违反清单，合同二次评审时，一定要把这个合同取消。有人面对客户要求，乱答应，把它签在合同里，以为自己力量很大，能推动公司开发这个产品，而且客户的很多要求都是软件应用。结果公司不开发，最后自己解决不了，然后就赖。有些项目拖几年都没有实施，导致客户的意见很大。

我们不仅要知己，还要知彼，但是绝大部分人不知彼。今天会议结束，你们对在座各位考试，考一个运营商在一个地区的网络拓扑图的分析。如果我们连拓扑图都不看，也打胜仗了，那是怎么打的胜仗呢？不知己、不知彼，胡乱塞给别人一堆产品。

所以，各个代表处要努力学习公司各种产品的路标，学习用这些路标用得好的案例。公司网上有很多学习案例，可以找一两个接近你所在地区的案例，深入学习。既然我们把青春押在了华为，自己就要加强学习。一年365天,有空时好好读懂一个案例,喝咖啡时每个人总有一个案例来讲,然后这个团队都会出将军。地区部、代表处要将大家的学习精神鼓舞起来,必要的考试还是需要的。

4.未来我们每年要碰到五千到一万场"战争",中央集权的管理,不适应2000亿美元规模的组织形式。如何在未来十年有序放权,这是我们管理的重点。如果有一万个少将连长,我们就一定会胜利。

未来我们公司每年会碰到一万场战争,不可能使用中央集权的方式来管理我们的队伍,我们面临这种面向客户为中心的组织改革,一定要让前方有责、有权,事后监控、问责与事前的流程管理结合起来。加快优秀干部的提拔,有些好好先生的主官,有些内部公关占便宜的员工,可以一同清退。因此,不要怕放权。现在公司状况是什么呢?高级干部大多数不直接面对客户,面对客户的是基层员工,一线作战部队按照线性往下传递,越传职级越低。因此,我们要把面对客户的一线人员提升,这几年结构性改革,已经取得了很大进步。人力资源委员会汇报,他们逐步把人岗匹配和以岗定级解耦,不完全紧密连在一起,我们在前线的作战部队还会得到一些好处。这样可以给出空间,让一些有统兵经验的人上来,几个人组成一个连队,配一个"少将连长"。所以权力下放是时代给我们的压力,如果继续中央集权,既要承担责任,也做不好。淘汰末位主官,给优秀苗子晋升机会。

5.提拔优秀员工的同时,末位淘汰不努力的员工。大幅调升了工资,工作质量也要提升,问责制要加强。45岁退休的政策不变,对有病者已经放宽。

今年,我们大幅度调整了薪酬,还要大规模提拔优秀员工,包括破格提拔。我们要求在职在岗就要英勇奋斗,创造价值。我们已考虑建立一个职员族,不循环、不流动,做好本职工作,让一部分人快乐地度过幸福的平凡一生;我们也放宽了伤病员工的退休政策;同时,我们也要宽容那些在主航道英勇奋斗、有铁的意志、铁的纪律……的优秀员工,年纪轻轻走上高职位。时代呼唤着英雄，我们要正能量，也要正激励。他们要有对美好未来的使命感、亲力亲为的工匠精神（科学、艺术、工程……）、集体至上的个人主义、自下而上的组织能力，会激活我们整个组织，让新鲜的血液，增加我们生命的活力。同时，也要末位淘汰不努力的落后员工，包括干部。如果干部不作为，不清楚战略，践行不够好，也应该下岗。

所以第一，调整工资不是水涨船高；第二，我们也不能保证每个人都幸福，我们只能说奋斗者一定幸福。幸福是什么？不是挣到钱就幸福，而是积攒起一大把的回忆就是幸福。我允许每个员工都刻一块石头，藏在华为的花园里面，记录你们的光辉过去。我们承认你们光辉的过去，所以退休时保留一些股票，使大家离开华为以后，生活条件也有一定保障。我们坚持这一点不动摇。

三、简化管理，有权、有责、受监督

1.管理的目的是为了有效地产粮食。要下决心打通销售的流程线，下决心打通交付的流程线；逐步优化为客户服务、为内部管理服务的流程线。

管理的目的是为了有效地产粮食，我们首先要简单地打通销售流程，接着简单地打通交付流程（包括供应链），让这些流程能简单、快捷地运作。我们不能为了优化流程，迟迟不打通。我们不能为了避免有一块板子可能会出现发货错误，投入巨大兵力堵在那里，层层审批合同，我宁可这个错误发生，事后追溯，也希望流程先简化。

管理是为了作战，同时要让每个节点的管理者有权、有责、被监督。很多签字人不看内容就签字，那何必要设这个节点呢？根本没必要。我们逐步优化为客户服务的流程，但是有两个主线条，一个是销售，一个是交付，必须要做到快捷解决问题；我们逐步优化为内部管理服务的流程，比如财务流程可以继续优化，但是不影响销售流程的行动。

2.要建立一支铁的纪律队伍，培养各级主管以及优秀专家，培养各级接班人。加强战略后备队伍的优良运作，在实践中选拔使用优秀人才，走向各级重要岗位。以及合理地破格提拔杰出贡献的努力人才。加强人才的流动，促进公司的组织活力、管理活力、员工活力的增长。

第一，公司可能要扩展，现在干部队伍中可能还有很多虚位以待，首先我们要把虚位以待的干部位置充实。另外要考评这个人是否合格，如果合格，岗位职级是否可以临时给他。什么叫临时？就是说先把这个职级给他，如果过两年不符合岗位要求，职级要降回去。

第二，除了要培养一些高精尖专家，深刻地理解本专业之外，还要培养很多综合型专家。研发每年应该抽调2000名左右中高级干部、专家，进入到战略后备队参加作战。作战以后，其中一部分人可能回到研发，重新认识如何领导研发队伍；一部分人走向GTS，服务领域很复杂，故障的综合判断非常难，这部分人不是去维修设备，而是要快速判断出故障点；一部分人走向解决方案、营销、财务等领域。我们不能把刚入职的新员工直接补充到这些岗位，因为他们没有项目实践经验。

第三，干部不要选择跟人、站队的方式，这也许会掉队的。你与其把精力消耗在投机上，不如把用在机会主义方面的精力，去多种粮食，增加土地肥力，也许你也会成功的。都这么有文化了，为何要投机呢？那些业绩不好，会内部公关，人际关系挺好的人，也许常会被评A、B+，并不断升级的员工，应一同与他的主管一起末位淘汰。

我们要加强前方、后方干部的轮训，特别是艰苦地区小国。这样小国人员才知道公司现在的进步程度，他可以使用什么先进武器作战。如果把他边缘化在前线某个地方，公司都进入导弹时代了，他还拿着把“大刀”守在那里。我们要求参加战略预备队轮训是每年前25%作出贡献的人员，我们对艰苦地区、边远地区能否不按这个比例，而是给他们更多机会来充电、循环。

第四，各个领域都要进入公共洪流锻炼，研发、市场、财务、GTS……都要打通循环。财务人员一定要懂业务，被动读代码是不行的，否则不能发挥主动性，不能成长为高级干部。高级干部也要懂财务，现在公司哪个高层领导不懂财务？除了少数 FELLOW、技术专家可以更深入专业研究之外，大多数人都应该循环成长，使自己综合能力提升。现在公司经营状况好，让战略预备队消耗一些利润，为公司未来的健康发展奠定基础。

第五，战略预备队不分资格，已经在战略预备队训练得比较好的前25%—30%的人员直接编成小组，空投到全球各个项目去，和当地团队合作作战。作战成功以后，给他一个鉴定，分配工作，他的职级由新工作岗位的代表处、地区部……给他创造机会，按责任结果赋值。这样我们就掌握了一批生力军走向前线。在项目实践中做得好的20%—30%重新回炉，回炉人员里，可能有些不是原来的学员。

3.加强跨专业的高级综合人才的成长指引。

每个人都要选择适合自己发展的方向，有些人是专家，有些人是跨专业的综合人才……高级干部一定要仰望星空，才能牵引公司走向未来。我们公司正在迷茫之中，我讲的迷茫是看见方向的迷茫，但是真实的迷茫呢？五年后，我们就要引领世界了，但现在居然还没有一个领袖群。领袖在走向高位前，就已经完成了当领袖的准备。

华为今天有多少人能担负起世界领袖的责任来？担负不起来，你们为什么要做到2000亿美元销售收入，为什么不降下来？而且你们降不降得下来？降不下来。你们挡不挡得住历史的车轮？也挡不住。既上不去，又挡不住，你们说华为该怎么办？我将这个题目就留给你们。

泰坦尼克号是在一片欢呼声中出海的，与华为今天何其相似。沿着惯性，华为还有3—5年的高速增长。3—5年后呢？百年前生产泰坦尼克号的贝尔法斯特在工业革命中，何等的繁荣呀！匹兹堡、底特律也曾是世界中心，物换星移，换了人间。三十年河东，三十年河西，华为也三十年，要想不死，就必须自我改革，激活组织，促进血液循环，焕发青春活力。

2015年任正非在华为战略务虚会上的讲话

我们公司就像赛跑冠军一样，终于跑到世界的边缘线上。大江大河、大海大浪，信息的洪流即将起来了，我们有乘风破浪的机会，要有勇气搏击这个世界。但如果我们还是粗放管理的公司，看到机会，只能望洋兴叹；如果我们不能做到英雄辈出，不是千军万马上战场，不能听得进批评，如何做到行业领先？所以我们要把握住这次大时代转型的机会点发力！

一、在向高端市场进军的过程中，不要忽略低端市场

我们在争夺高端市场的同时，千万不能把低端市场丢了。我们现在是"针尖"战略，聚焦全力往前攻，我很担心一点，"脑袋"钻进去了，"屁股"还露在外面。如果低端产品让别人占据了市场，有可能就培育了潜在的竞争对手，将来高端市场也会受到影响。华为就是从低端聚集了能量，才能进入高端的，别人怎么不能重复走我们的道路呢？

低端产品要做到标准化、简单化、生命周期内免维修。我们不走低价格、低质量的路，那样会摧毁我们战略进攻的力量。在技术和服务模式上，要做到别人无法与我们竞争，就是大规模流水化。客户想要加功能，就买高端产品去。这就是薇甘菊理论，而且我们现在也具备这个条件。（徐直军：应对中国的手机市场，一定要把品牌区分开。把中高端产品价格提起来，建立品牌，就能挣钱；低端产品，就是高质量、标准化、低价格、终生不坏、软件升级容易。）

面对大流量时代的流量管理方式发生变化，未来网络的稳定对品牌影响很大，我们要建立起大质量体系架构。过去我们的质量体系关注的是产品、工程，将来质量体系要从文化、哲学……各方面来看，所以我们要在中国、德国、日本联合建立大质量体系的能力中心。

二、聚焦主航道，以延续性创新为主，允许小部分力量有边界地去颠覆性创新

互联网总是说颠覆性创新，我们要坚持为世界创造价值，为价值而创新。我们还是以关注未来5—10年的社会需求为主，多数人不要关注太远。我们大多数产品还是重视延续性创新，这条路坚决走；同时允许有一小部分新生力量去颠覆性创新，探索性地"胡说八道"，想怎么颠覆都可以，但

是要有边界。这种颠覆性创新是开放的，延续性创新可以去不断吸收能量，直到将来颠覆性创新长成大树苗，也可以反向吸收延续性创新的能量。

公司要像长江水一样聚焦在主航道，发出巨大的电来。无论产品大小都要与主航道相关，新生幼苗也要聚焦在主航道上。不要偏离了主航道，否则公司就会分为两个管理平台。

大公司为什么运转很困难？以前我们一个项目决策，要经过四百七十多人审批，速度太慢，内部要允许大家有一条小路快走。而且主航道四百七十多人审批也太多了，应该先砍掉绝大部分。（丁耘：主流程应坚持简洁高效的原则，原则上不超过5个审批点。）

三、调整格局，优质资源向优质客户倾斜

我们要调整格局，优质资源向优质客户倾斜，可以在少量国家、少量客户群中开始走这一步，这样我们就绑定一两家强的，共筑能力。

在这个英雄辈出的时代，一定要敢于领导世界，但是取得优势以后，不能处处与人为敌，要跟别人合作。有人问我："你们的商道是什么？"我说："我们没有商道，就是为客户服务。"这些年教训也很深刻，不是所有运营商都能活下来，有些运营商拖着我们的钱不还，与其这样，还不如拿来给大家涨点工资。

另外，我不主张产品线和区域结合得太紧密，结合太紧密的结果，就是满足了低端客户的需求。因为区域所反映上来的不是未来需求，而是眼前的小需求，会牵制华为公司的战略方向。

四、人力资源要让"遍地英雄下夕烟"

华为已经形成了能够凝聚十五万人的机制，但凝聚得太紧了，不够活跃，就需要耗散，形成新的活力。

第一，改革的目的是为了作战。瑞典的"瓦萨号战舰"，这里装饰、那里雕刻，为了好看还加盖一层，结果出海风一吹就沉没了。战舰的目的应该是作战。

我们之所以攻不进莫斯科大环，仅靠物质激励没有用，缺少战略眼光。

所以我总号召大家去看看《诺曼底登陆》。华为现在不缺乏“黄继光”这样的英雄，但是缺少战略家和思想家，大家都不愿意“望星空”，都想有实权。而且以前我们考核体系太具体化，让产生大智慧的人在华为没有地位。为什么这些种子出去也不成功呢？因为缺少大平台，没有土壤，也种不出来庄稼。

第二，我们拉长人力资源金字塔顶端时，要看到内生的新生力量，引进外来的“蜂子”，也要以内为主。不给内部人员一种希望，内部人努力就不够。华为公司做事总是喜欢循序渐进，我们在战略决策过程中，要善于转变，未来世界不一定掌握在有资历的人手里，我们要承认年轻人可能有未来，不要总是认为小年轻不能当上将。

我们要发现这种善于学习的苗子，敢于给他们去“上甘岭”打仗的机会，不死就是将军，死了就是英雄。这样让大家恢复信心。

第三，人力资源金字塔基座要异化，改变齐步走。我认为时代给我们的时间最多两年，如果人力资源政策调整不过来，就会面临大量人才流失。

这两年人力资源在改革，进步很大。除了今年改革的部门外，没有改革到的部门还在齐步走。抓住时代变革的转折机会，要重新作出人力资源模型，改变齐步走。这次我要在干部大会上讲，一个人在最佳角色、最佳贡献、最佳贡献时间段，要给他最合理的报酬。不能像我这样，到七八十岁什么都多了，为什么我冲上甘岭时不多给我吃一碗面呀！不同角色有不同时间段，不同专业有不同时间段，不同专业的不同角色也有不同时间段。为什么不让最佳贡献的人在冲上“上甘岭”时激励，非要等他老了才给呢？不能给级别，给奖金也行。我们要看到新生事物的成长，看到优秀的存在。

第四，时势造英雄，大时代一定会产生大英雄。我们一定要让公司里50%—60%的人是优秀分子，然后在优秀的种子里再选更优秀的苗；中间分子20%—30%。让优秀分子来挤压稍微后进的人，这样他们可能也会产生改变。对英雄也要不求全责备，要接受有缺点的美。我曾在汶川抗震救灾的文件批示“只要过了汶川救灾线，尿了裤子的也是英雄”。一共427名，都发了金牌。有一点点成绩就是英雄，将来才有千军万马上战场。

薪酬包制度就是要把落后的人挤出去，“减人、增产、涨工资”。今年调整了中基层的薪酬结构，明年开始对高级干部、高级专家的薪酬改革。大数据流量的现实问题将摆在时代面前，两年后，就要开始冲锋了，我们有一支嗷嗷叫的队伍，该我们夺取胜利！

任正非：华为的冬天

公司所有员工是否考虑过，如果有一天，公司销售额下滑、利润下滑甚至会破产，我们怎么办？我们公司的太平时间太长了，在和平时期升的官太多了，这也许就是我们的灾难。泰坦尼克号也是在一片欢呼声中出的海。而且我相信，这一天一定会到来。面对这样的未来，我们怎样来处理，我们是不是思考过。我们好多员工盲目自豪，盲目乐观，如果想过的人太少，也许就快来临了。居安思危，不是危言耸听。

我到德国考察时，看到第二次世界大战后德国恢复得这么快，当时很感动。他们当时的工人团结起来，提出要降工资，不增工资，从而加快经济建设，所以战后德国经济增长很快。如果华为公司真的危机到来了，是不是员工工资减一半，大家靠一点白菜、南瓜过日子，就能行？或者我们就裁掉一半人是否就能救公司。如果是这样就行的话，危险就不危险了。因为，危险一过去，我们可以逐步将工资补回来，或者销售增长，将被迫裁掉的人请回来。这算不了什么危机。如果两者同时都进行，都不能挽救公司，想过没有？

十年来我天天思考的都是失败，对成功视而不见，也没有什么荣誉感、自豪感，而是危机感。也许是这样才存活了十年。我们大家要一起来想，怎样才能活下去，也许才能存活得久一些。失败这一天是一定会到来的，大家要准备迎接，这是我从不动摇的看法，这是历史规律。

华为公司老喊狼来了，喊多了，大家有些不信了。但狼真的会来。今年我们要广泛展开对危机的讨论，讨论华为有什么危机，你的部门有什么危机，你的科室有什么危机，你的流程的哪一点有什么危机。还能改进吗？还能改进吗？还能提高人均效益吗？如果讨论清楚了，那我们可能就不死，就延续了我们的生命。怎样提高管理效率，我们每年都写了一些管理要点，这些要点能不能对你的工作有些改进，如果改进一点，我们就前进了。

一、均衡发展，就是抓短的一块木板

我们怎样才能活下来。同志们，你们要想一想，如果每一年你们的人均产量增加15%，你可能仅仅保持住工资不变或者还可能略略下降。电子产品价格下降幅度一年还不止15%吧。我们卖的越来越多，而利润却越来越少，如果我们不多干一点，我们可能保不住今天，更别说涨工资。不能靠没完没了的加班，所以一定要改进我们的管理。

在管理改进中，一定要强调改进我们木板最短的那一块。各部门、各科室、各流程主要领导都要抓薄弱环节。要坚持均衡发展，不断地强化以流程型和时效型为主导的管理体系的建设，在符合公司整体核心竞争力提升的条件下，不断优化你的工作，提高贡献率。

全公司一定要建立起统一的价值评价体系，统一的考评体系，才能使人员在内部流动和平衡成为可能。比如有人说我搞研发创新很厉害，但创新的价值如何体现，创新必须通过转化变成商品，才能产生价值。我们重视技术、重视营销，这一点我并不反对，但每一个链条都是很重要的。研发相对用户来说，同等级别的一个用服工程师可能要比研发人员综合处理能力还强一些。所以如果我们对售后服务体系不给认同，那么这体系就永远不是由优秀的人来组成的。不是由优秀的人来组织，就是高成本的组织。因为他飞过去修机器，去一趟修不好，又飞过去修不好，又飞过去又修不好。我们把工资全都赞助给民航了。如果我们一次就能修好，甚至根本不用过去，用远程指导就能修好，我们将省多少成本啊！因此，我们要强调均衡发展，不能老是强调某一方面。

二、对事负责制与对人负责制是有本质区别的，一个是扩张体系，一个是收敛体系

为什么我们要强调以流程型和时效型为主导的体系呢？现在流程上运作的干部，他们还习惯于事事都请示上级。这是错的，已经有规定，或者成为惯例的东西，不必请示，应快速让它通过去。执行流程的人，是对事情负责，这就是对事负责制。事事请示，就是对人负责制，它是收敛的。我们要简化不必要确认的东西，要减少在管理中不必要、不重要的环节，否则公司怎么能高效运行呢？现在我们机关有相当的部门以及相当的编制，在制造垃圾，然后这些垃圾又进入分拣、清理，制造一些人的工作机会。制造这些复杂的文件，搞了一些复杂的程序以及不必要的报表、文件，来养活一些不必要养活的机关干部，机关干部是不能产生增值行为的。我们一定要在监控有效的条件下，尽力精简机关。

市场部机关是无能的。每天的纸片如雪花一样飞啊，每天都向办事处要报表，今天要这个报表，明天要那个报表，这是无能的机关干部。办事处每一个月把所有的数据填一个表，放到数据库里，机关要数据就到数据库里找。从明天开始，市场部把多余的干部组成一个数据库小组，所有数据只能向这个小组要，不能向办事处要，办事处一定要给机关打分，你们不要给他们打那么好的分，让他们吃一点亏，否则他们不会明白这个道理，就不会服务于你们，使你作战有力。

在本职工作中，我们一定要敢于负责任，使流程速度加快，对明哲保身的人一定要清除。华为给了员工很好的利益，于是有人说千万不要丢了这个位子，千万不要丢掉这个利益。凡是要保自己利益的人，要免除他的职务，他已经是变革的绊脚石。在去年的一年里，如果没有改进行为的，甚至一次错误也没犯过，工作也没有改进的，是不是可以就地免除他的职务。他的部门的人均效益没提高，他这个科长就不能当了。他说他也没有犯错啊，没犯错就可以当干部吗？有些人没犯过一次错误，因为他一件事情都没做。而有些人在工作中犯了一些错误，但他管理的部门人均效益提

升很大，我认为这种干部就要用。对既没犯过错误，又没有改进的干部可以就地免职。

三、自我批判，是思想、品德、素质、技能创新的优良工具

我们一定要推行以自我批判为中心的组织改造和优化活动。自我批判不是为批判而批判，也不是为全面否定而批判，而是为优化和建设而批判。总的目标是要提升公司整体核心竞争力。

为什么要强调自我批判？我们倡导自我批判，但不提倡相互批评，因为批评不好把握适度，如果批判火药味很浓，就容易造成队伍之间的矛盾。而自己批判自己呢，人们不会自己下猛力，对自己都会手下留情。即使用鸡毛掸子轻轻打一下，也比不打好，多打几年，你就会百炼成钢了。自我批判不光是个人进行自我批判，组织也要对自己进行自我批判。通过自我批判，各级骨干要努力塑造自己，逐步走向职业化、走向国际化。公司认为自我批判是个人进步的好方法，还不能掌握这个武器的员工，希望各级部门不要对他们再提拔了。两年后，还不能掌握和使用这个武器的干部要降低使用。在职在位的干部要奋斗不息、进取不止。

干部要有敬业精神、献身精神、责任心、使命感。我们对普通员工不作献身精神要求，他们应该对自己付出的劳动、取得合理报酬。只对有献身精神的员工作要求，将他们培养成干部。另外，我们对高级干部实行严要求，不对一般干部实施严要求。因为都实施严要求，我们管理成本就太高了。因为管他也要花钱的呀，不打粮食的事我们要少干。因此我们对不同级别的干部有不同的要求，凡是不能使用自我批判这个武器的干部都不能提拔。

自我批判从高级干部开始，高级干部每年都有民主生活会，民主生活会上提的问题是非常尖锐的。有人听了以后认为公司内部斗争真激烈，你看他们说起问题来很尖锐，但是说完他们不又握着手打仗去了吗？我希望这种精神一直能往下传，下面也要有民主生活会，一定要相互提意见，相互提意见时一定要和风细雨。我认为，批评别人应该是请客吃饭，应该是

绘画、绣花，要温良恭让。一定不要把内部的民主生活会变成了有火药味的会议，高级干部尖锐一些，是他们素质高，越到基层应越温和。事情不能指望一次说完，一年不行，两年也可以，三年进步也不迟。我希望各级干部在组织自我批判的民主生活会议上，千万要把握尺度。我认为人是怕痛的，太痛了也不太好，像绘画、绣花一样，细细致致地帮人家分析他的缺点，提出改进措施来，和风细雨式最好。

四、任职资格及虚拟利润法是推进公司合理评价干部的有序、有效的制度

我们要坚定不移地继续推行任职资格管理制度。只有这样才能改变过去的评价蒙估状态。才会使有贡献、有责任心的人尽快成长起来。激励机制要有利于公司核心竞争力战略的全面展开，也要有利于近期核心竞争力的不断增长。

什么叫领导？什么叫政客？这次以色列的选举，让我们看到了犹太人的短视。拉宾意识到以色列一个小国，处在几亿阿拉伯人的包围中，尽管几次中东战争以色列都战胜了，但不能说50年、100年以后，阿拉伯人不会发展起来。今天不以土地换和平、划定边界，与周边和平相处，那么一旦阿拉伯人强大起来，他们又会重新流离失所。要是这样，犹太人再过2000年还回不回得来就不一定了。而大多数人，只看重眼前的利益，沙龙是强硬派，会为犹太人争得近期利益，人们拥护了他。我终于看到一次犹太人也像我们一样的短视。我们的领导都不要迎合群众，但推进组织目的，要注意工作方法。

干部要有敬业精神、献身精神、责任心和使命感。区别一个干部是不是一个好干部，是不是忠臣，标准有四个：第一，你有没有敬业精神，对工作是否认真，改进了，还能改进吗？还能再改进吗？这就是你的工作敬业精神。第二，你有没有献身精神，不要斤斤计较，我们的价值评价体系不可能做到绝对公平。如果用曹冲称象的方法来进行任职资格评价的话，那肯定是公平的。但如果用精密天平来评价，那肯定公平不了。我们要想做

到绝对公平是不可能的。我认为献身精神是考核干部的一个很重要因素。一个干部如果过于斤斤计较，这个干部绝对做不好，你手下有很多兵，你自私、斤斤计较，你的手下能和你合作很好吗？没有献身精神的人不要做干部，做干部的一定要有献身精神。第三点和第四点，就是要有责任心和使命感。我们的员工是不是都有责任心和使命感？如果没有责任心和使命感，为什么还想要当干部。如果你觉得你还是有一点责任心和使命感的，赶快改进，否则最终还是要把你免下去的。

五、不盲目创新，才能缩小庞大的机关

庙小一点，方丈减几个，和尚少一点，机关的改革就是这样。总的原则是我们一定要压缩机关，为什么？因为我们建设了 IT。为什么要建设 IT？道路设计时要博士，炼钢制轨要硕士，铺路要本科生。但是道路修好了扳岔道就不要这么高的学历了，否则谁也坐不起这个火车。因此当我们公司组织体系和流程体系建设起来的时候，就不要这么多的高级别干部，方丈就少了。

我们要坚持“小改进，大奖励”。“小改进、大奖励”是我们长期坚持不懈的改良方针。应在小改进的基础上，不断归纳，综合分析。研究其与公司总体目标流程的符合，与周边流程的和谐，要简化、优化、再固化。这个流程是否先进，要以贡献率的提高来评价。我年轻时就知道华罗庚的一句话，“神奇化易是坦途，易化神奇不足提”。我们有些员工，交给他一件事，他能干出十件事来，这种创新就不需要，是无能的表现。这是制造垃圾，这类员工要降低使用。所以今年有很多变革项目，但每个变革项目都要以贡献率来考核。既要实现高速增长，又要同时展开各项管理变革，错综复杂，步履艰难，任重而道远。各级干部要有崇高的使命感和责任意识，要热烈而镇定，紧张而有秩序。“治大国如烹小鲜”，我们做任何小事情都要小心谨慎，不要随意把流程破坏了，发生连锁错误。

六、规范化管理本身已含监控，它的目的是有效、快速地服务业务需要

我们要继续坚持业务为主导，会计为监督的宏观管理方法与体系的建

设。什么叫业务为主导，就是要敢于创造和引导需求，取得“机会窗”的利润。也要善于抓住机会，缩小差距，使公司同步于世界而得以生存。什么叫会计为监督，就是为保障业务实现提供规范化的财经服务，规范化就可以快捷、准确和有序，使账务维护成本低。规范化是一把筛子，在服务的过程中也完成了监督。要把服务与监控融进全流程。我们也要推行逆向审计，追溯责任，从中发现优秀的干部，铲除沉淀层。

七、面对变革要有一颗平常心，要有承受变革的心理素质

我们要以正确的心态面对变革。什么是变革？就是利益的重新分配。利益重新分配是大事，不是小事。这时候必须有一个强有力的管理机构，才能进行利益的重新分配，改革才能运行。在改革的过程中，从利益分配的旧平衡逐步走向新的利益分配平衡。这种平衡的循环过程，是促使企业核心竞争力提升与效益增长的必须。但利益分配永远是不平衡的。我们在进行岗位变革时也是有利益重新分配的，比如大方丈变成了小方丈，你的庙被拆除了，不管叫什么，都要有一个正确的心态来对待。如果没有一个正确的心态，我们的改革是不可以成功的，不可能被接受的。特别是随着IT体系的逐步建成，以前的多层行政传递与管理的体系将更加扁平化。伴随中间层的消失，一大批干部将成为富余，各大部门要将富余的干部及时输送至新的工作岗位上去，及时地疏导，才会避免以后的过度裁员。我在美国时，在和IBM、Cisco、Lucent等几个大公司领导讨论问题时谈到，IT是什么？他们说，IT就是裁员、裁员、再裁员。以电子流来替代人工的操作，以降低运作成本，增强企业竞争力。我们也将面临这个问题。伴随着IPD、ISC、财务四统一、支撑IT的网络等逐步铺开和建立，中间层消失。我们预计我们大量裁掉干部的时间大约在2003年或2004年。

今天要看到这个局面，我们现在正在扩张，还有许多新岗位，大家要赶快去占领这些新岗位，以免被裁掉。不管是对干部还是普通员工，裁员都是不可避免的。我们从来没有承诺过，像日本一样执行终身雇佣制。我们公司从创建开始就是强调来去自由。内部流动是很重要的，当然这个流

动有升有降，只要公司的核心竞争力提升了，个人的升降又何妨呢？“不以物喜，不以己悲”。因此今天来说，我们各级部门真正关怀干部，就不是保住他，而是要疏导他，疏导出去。

八、模板化是所有员工快速管理进步的法宝

一个新员工，看懂模板，会按模板来做，就已经国际化、职业化，现在的文化程度，3 个月就掌握了。而这个模板是前人摸索几十年才摸索出来的，你不必再去摸索。各流程管理部门、合理化管理部门，要善于引导各类已经优化的、已经证实行之有效的工作模板化。清晰流程，重复运行的流程，工作一定要模板化。一项工作达到同样绩效，少用工，又少用时间，这才说明管理进步了。我们认为，抓住主要的模板建设，又使相关的模板的流程连接起来，才会使 IT 成为现实。在这个问题上，我们要加强建设。

九、华为的危机，以及萎缩、破产是一定会到来的

现在是春天吧，但冬天已经不远了，我们在春天与夏天要念着冬天的问题。IT 业的冬天对别的公司来说不一定是冬天，而对华为可能是冬天。华为的冬天可能来得更冷，更冷一些。我们还太嫩，我们公司经过 10 年的顺利发展没有经历过挫折，不经过挫折，就不知道如何走向正确道路。磨难是一笔财富，而我们没有经过磨难，这是我们最大的弱点。我们完全没有适应不发展的心理准备与技能准备。

危机的到来是不知不觉的，我认为所有的员工都不能站在自己的角度立场想问题。如果说你们没有宽广的胸怀，就不可能正确对待变革。如果你不能正确对待变革，抵制变革，公司就会死亡。在这个过程中，大家一方面要努力地提升自己，一方面要与同志们团结好，提高组织效率，并把自己的好干部送到别的部门去，使自己部下有提升的机会。你减少了编制，避免了裁员、压缩。在改革过程中，很多变革总会触动某些员工的一些利益和矛盾，希望大家不要发牢骚，说怪话，特别是我们的干部要自律，不要传播小道消息。

十、安安静静地应对外界议论

对待媒体的态度，希望全体员工都要低调，因为我们不是上市公司，所以我们不需要公示社会。我们主要是对政府负责任，对企业的有效运行负责任。对政府的责任就是遵纪守法，我们去年缴给国家的增值税、所得税是18亿元，关税是9亿元，加起来一共是27亿元。估计我们今年在税收方面可能再增加百分之七八十，可能要给国家缴到40多亿元。我们已经对社会负责了。媒体有他们自己的运作规律，我们不要去参与，我们有的员工到网上的辩论，是帮公司的倒忙。

我想，每个员工都要把精力用到本职工作上去，只有本职工作做好了才能为你提高带来更大的效益。国家的事由国家管，政府的事由政府管，社会的事由社会管，我们只要做一个遵纪守法的公民，就完成了我们对社会的责任。只有这样我们公司才能安全、稳定。不管遇到任何问题，我们的员工都要坚定不移地保持安静，听党的话，跟政府走。严格自律，不该说的话不要乱说，特别是干部要管好自己的家属。我们华为人都是非常有礼仪的人。当社会上根本认不出你是华为人的时候，你就是华为人；当这个社会认出你是华为人的时候，你就不是华为人，因为你的修炼还不到家。

“沉舟侧畔千帆过，病树前头万木春。”网络股的暴跌，必将对二三年后的建设预期产生影响，那时制造业就惯性进入了收缩。眼前的繁荣是前几年网络股大涨的惯性结果。记住一句话：“物极必反”，这一场网络设备供应的冬天，也会像它热得人们不理解一样，冷得出奇。没有预见，没有预防，就会冻死。那时，谁有棉衣，谁就活下来了。

任正非：不做昙花一现的英雄

由于十年卧薪尝胆、艰苦奋斗的成功，面对国内外可能将越来越多的善意的宣传，我们是否会沾沾自喜，在我们队伍中是否会滋生一些不良的浅薄的习气？华为人的自豪是否会挂在脸上？凭什么自豪？华为人能否持续自豪？我们前进的道路是越来越宽广，还是越来越困难？木秀于林，风必摧之。我们越发展，竞争对手实力越强，竞争就越困难。我们要有长期在思想上艰苦奋斗的准备。持续不断地与困难斗争之后，会是一场迅猛的发展，这种迅猛的发展，会不会使我们的管理断裂？会不会使志得意满的华为人手忙脚乱，不能冷静系统地处理重大问题，从而导致公司的灭亡？事实上摆在我们面前的任务和使命，比以前我们重技术、重销售的时代更加重大而艰难，要全面地建设和管理我们的事业的艰难度要远远大于以前的艰难度，这就要求我们干部要更快地成熟起来。

管理是世界企业永恒的主题，也是永恒的难题，华为在第二次创业中更加不可避免。

一、管理与服务是华为生死攸关的问题

人才、资金、技术都不是华为生死攸关的问题，这些都是可以引进来的，而管理与服务是不可照搬引进的，只有依靠全体员工共同努力去确认先进的管理与服务理论，并与自身的实践紧密结合起来，以形成我们自己的有效的服务与管理体系，并畅行于全公司、全流程。

1.华为必须保持合理的成长速度。

(1)没有合理的成长速度就没有足够的利润来支撑企业的发展。我们的企业生存在信息社会里，由于信息的广泛传播，人们的智力得到更大的开发和更大的解放，能够创造出更多的新产品和新技术来服务这个世界。由于信息网络的加速扩大，使得所有新产品和新技术的生命周期越来越短。不能紧紧抓住机会窗短短开启的时间，获得规模效益，那么企业的发展会越来越困难。没有全球范围的巨大服务网络，没有推动和支撑这种网络的规模化的管理体系，就不能获得足够利润来支撑它的存在和快速发展。因此失去机会窗的原因对华为来说，主要是服务和管理，这是华为的战略转折点。

(2)没有合理的成长速度，就没有足够的能力给员工提供更多的发展机会，从而吸引更多企业所需的优秀人才。人才的发展是马太效应，当我们企业有很好的经济效益时,就能更多地支撑人才加入,有了更多的优秀人才进入华为,由于我们有较高的管理水平,就会使人才尽快地成长起来,创造更多的财富。以更多的财富支撑更多的人才来加入,使我们的企业管理更加优化。我们的企业就有了持续发展的基础。

(3)没有合理的成长速度,就会落后于竞争对手,最终将导致公司的死亡。那么,怎样才能使发展速度更快?只有靠管理,靠服务。没有管理就形不成力量,没有服务就失去方向。

2.外延的基础是内涵的做实,没有优良的管理难以保持超过竞争对手的速度。

内涵的做实就是公司各级管理体系的不断优化。内涵的做实是管理中的根本点。各部门的工作不尽如人意,其实就是内涵没有做实。不论从销售上、科研上、生产上,还是提供的各种服务上,各部门是不是围绕公司的总目标已经做得很好了,对公司《基本法》的认识已很深刻了?如果我们对公司总目标没有一个整体的、准确的、全面的理解,而只孤立地在一小块一小块地方去思考自己管理的进步,我就担心你的进步是建立在制约别人的进步上,那么对整体的进步并没有产生巨大效应。因此管理的目标性应该很明确,内涵做实的目标也应很明确。

如何理解外延的基础是内涵的做实?

(1)扩张必须踩在坚实的基础上。

如果没有坚实的基础,擅自扩张,那只能是自杀。大家想一想,如果我们产品既不可靠,也不优良,仅仅是我们的广告和说明书写得很好,我们一下子撒出去一大批产品,那会是什么结局?如果我们又没有良好的售后服务体系保障,我们面对的将会是一种什么样的局面?如果我们的制造体系不是精益求精,扎扎实实寻求产品的高质量和工艺的先进性,那么我们产品使用在前方会有什么问题?当我们的服务系统不计成本进行扩张,我们也会走向死亡。这些假设的问题都是要解决的,就是要造就坚实的发展基础。坚实基础如何造就?要靠我们全体员工共同努力来推动公司管理的全面进步。

(2)管理进步基于良好的管理方法与手段。

有管理进步的愿望，而没有良好的管理方法与手段，必定效率低下，难免死亡。华为公司的人均效益和西方公司比较至少要低300%以上，那么我们浪费的是什么呢？是资源和时间，这是因为管理无效造成的。我们正在引进西方的各种先进管理，要通过我们的消化来融会贯通。

(3)没有管理改进的愿望，企业实际已经死亡。

如果管理不从小改进做起，什么事都将做不成。有人问我，我们到底到什么时候才能松口气？我说只有到棺材钉上时才能松口气。世界上唯一不变的就是变化，贯彻永恒的是管理改进。现在华为公司面临一个战略转折点，那就是管理与服务的全面优化建设。因为如果没有良好的管理与服务，就不可能有市场的扩张，就不可能有所前进，所以管理的优化和服务意识的建立是公司的战略转折点。公司安排了3—5年时间来完成这个战略转移，如果能完成这个战略转移，我们效益水平即使不能提高到和西方公司一样高，但至少也能缩小与它们的差距，那么我们也属于迅猛异常了。华为公司能否在经过巨大的艰难困苦之后出现一个非线性的高速发展时期，关键在于一个管理与服务的全面建设问题。中国五千年来就没有产生过像美国IBM、朗讯、惠普、微软等这样的大企业。因此，中国的管理体系和管理规则及适应这种管理的人才的心理素质和技术素质，都不足以支撑中国产生一个大产业。我们只有靠自己进步，否则一点希望都没有了，这种摸着石头过河的方法的艰难与痛苦可想而知。美国可以在产品技术得以突破之后，高举产品的大旗，招聘有各国工作经验的人才，就可打遍全世界；而华为公司取得产品技术突破之后，不仅不能打遍全世界，而且在家门口也未必有优势。我们作为小公司，也可能会有世界级的发明，超时代的发明，但这个发明一旦被西方大公司察觉之后，他们在很短时间完全可能做出超过我们很多的产品，当他们的产品覆盖全世界时，我们的产品就不可能卖出去了。因此，现在华为公司决心构筑管理与服务的进步，当我们一旦出现新的机会点时，抓住它，我们就可能成长为巨人。现在是有机会也抓不住，最多在中国非主流市场上打一个小胜仗，大量的国际市场让给了西方公司。我们新技术的出现往往不能给我们巨大的利益，这个巨大利益怎样产生呢？那就是优良的管理和良好的服务。

3.没有规模，难以对付未来的低成本竞争。

大家不要因为现在信息产品的利润率还比较丰厚而沾沾自喜，竞争的残酷性不会比PC机更轻松，世界级竞争一定会出现。没有大的市场规模是不可能有低成本的，但竞争一定会出现低成本阶段。

(1)软件产品的可复制性，要求必须规模经营，以大幅度降低成本。

软件产品的复制成本很低，使得复制品越多，产品的成本越低，获取的利润越大；利润越大，就可获得更多的优秀人才，用更多的钱去建立良好的管理体系，来对付新的竞争对手的进入，从而保证自己在市场上的领先。我倒不认为一个拖拉机厂大得一望无际就是世界级的，但我认为一个软件工厂如果没有各国的保护政策制约的话，实际上已经没有必要在世界上再建第二个工厂了，之所以要建第二个工厂，是因为各个国家、各个民族站在各自民族利益的立场上所确立的政策，所以世界上才产生了众多同样产业。因此，我们必须看到我们所从事的信息通信产业就是必须要规模大。如果我们的交换机现在还是300万线以下，就不可能支撑我们的利润，如果我们的交换机产量能超过1000万线，我相信效益还会比今天好得多。

(2)规模经营的低成本是管理产生的，而不是自发产生的。

大规模不可能自动地带来低成本，低成本是管理产生的，盲目的规模化是不正确的，规模化以后没有良好的管理，同样也不能出现低成本。一个大公司最主要的问题是两条，一是管理的漏洞，二是官僚主义。因此我们在管理上要狠抓到底，我们不相信会自发地产生低成本。

(3)产品的覆盖率、占有率、增长率是考核企业发展的宏观经济指标。

产品最后体现出来的经济指标是产品的市场覆盖率、占有率、增长率。考察我们的管理是否有效的指标，就是这三个指标。因此我们现在制定的

KPI 指标要围绕公司的总目标来分解和贯彻，不能各部门孤立地去建立KPI指标。每个部门与产品的覆盖率、占有率、增长率都有一定的关系。在总目标引导下的管理与服务目标分解，才会起到综合治理的作用。就如长江防洪，不能沿江七省各搞各的一样。

二、要把生命注入到永恒的管理优化中去

华为公司的第一、二代创业者把生命注入到创业中去，获得了今天的成功。研发人员也宣誓要把生命注入到产品中去，因此我们管理者也应把生命注入到持续不断的管理优化中去。把生命注入并不是要你像干将、莫邪铸剑一样跳到熔炉里去，而是要用一丝不苟、孜孜不倦的精神去追求产品的成功。我经常看到一些员工给公司写的大规划，我把它扔到垃圾桶里去了，而那些在自己的管理岗位上本身进步了，改进了自己的工作，这时候向我提的建议和批评我倒是很愿意听的。把生命注入管理中去，不是要你去研究如何赶上IBM，而是研究你那个管理环节如何是全世界最优的，要赶上IBM不是你的事情，你也不具备这样的资历和资格，所以要面对现实，踏踏实实地进行管理的改进，这样公司才会有希望。现在公司说空话的人比干实事的人还多，干部的幼稚比干部的成熟还要多。要把生命理解成一种灵魂和精神，就是要将这种灵魂和精神注入到管理中去。没有这种精神的干部要下岗。前些年，由于快速的发展，我们提拔了很多人，提拔时我们犯过乔太守乱点鸳鸯谱的错误，并不是我们选拔的所有干部都是合乎科学管理规律要求的。我们一定要把有责任意识、认真负责的员工选拔上来，给予培养的机会，通过这种置换，才能使我们的队伍更加强大。

管理革命的重点是任职资格体系的推行。任职资格的推行不是机械唯物主义的、形而上学的推行，而是真正达到管理进步的真正意义上的推行。

1. 世界上最难的改革是革自己的命。考核与薪酬体系是全世界最难的一项企业管理命题。管理变革中有个三段论：

(1)触及自己的灵魂是最痛苦的。必须自己批判自己。

(2)别人革自己的命，比自己革自己的命还要困难。要允许别人批评。

(3)面子是无能者维护自己的盾牌。优秀的儿女,追求的是真理,而不是面子。只有不要脸的人,才会成为成功的人。要脱胎换骨成为真人。

管理中的这个三段论很重要,一是要自己批判自己,一是要允许别人批判自己,最后是不要太要脸面,而要讲求真理。

2.企业的核心价值观通过任职资格来体现企业对员工的阶段性评价。

(1) 华为公司不是等待目标已经实现以后再予评价, 而是在发展过程中进行评价, 这使评价的准确性更加困难。当一件事情做完了来对它评价,是很容易的,当一件事情做了一半来对它评价是很难准确的。我们能等到事情全部做出来以后再作评价吗? 那是不行的。我们只有在事物的发展过程中进行评价。

(2)评价是通过人做出来的,尽管委员会的委员们很公正,但他们也是人,也是活生生、有血有肉的人,也难以摆脱个人对事物、问题的看法局限。因此不可能做到所有的评价让人人满意。企业要迅速发展,不能等待事事有结果之后再实行盖棺定论,每一阶段的评定必有不正确的地方。我们要求各级部门要尽量公平、公正, 但我们更要求干部要能上能下, 工资要能升能降, 要正确对待自己, 也要能受得了委屈。如果不能做到, 企业必定死亡。

3. 一定要把任职资格的工作扎扎实实做到底, 先推行, 后平冤, 再优化,3—5 年内形成自己的合理制度。我认为我们公司就有了生存下去的希望。

我想,在推行任职资格中肯定会遇到重重阻力,但这个体系是一定要坚持下去的。那种对人的评价靠感性的评一评,估一估的时代已不能再持续下去了。对人的评价靠"蒙一蒙""估一估",定位的准确性是不高的,这对我们今后的发展会造成更大阻力,这样会挫伤优秀员工的积极性,同时保护了一些落后员工。所以要坚决推行干部任职资格体系。当然,外国的先进管理体系要结合华为公司的具体情况,不能教条主义。在一种制度向一种制度转换过程中,新鞋总是有些夹脚的。也可能挫伤一部分同志,我们的方法是坚决推行已经策划好的任职资格管理,然后再个案处理个别受冤屈的同志,然后展开全面优化,使发达国家著名公司的先进管理办法,与我们的实践结合起来,形成制度。

4.干部一定要有天降大任于斯人的胸怀、气质。要受得了委屈,特别是做了好事,还受冤枉的委屈。

我们让科以上干部学《胡耀邦平反冤假错案》这一本书,我们要学胡耀邦胸怀坦荡,对党的事业极端负责任,且敢于坚持真理的精神。也要学习革命前辈历经苦难,痴心不改的坚强意志,看到我们的前辈所经受的苦难,我们那点委屈又算什么。不经磨难,何以成材。

三、干部的个人品德、素质是企业进步的最重要的要素

1.各级干部要提高自己的服务意识,加强自己的社会责任感(狭义)。全面提高自己的驾驭与管理能力。

我们要求中高层干部一定要加快自己的改造,提高自我的改造能力,尽快适应社会、企业对你的发展要求。很多书籍都会教你怎样去做一个真正的人。我们的干部在工作技能上、思想素质上、管理水平上都有待提高,还不能适应企业的发展。在工作中,现在我们面临的最大困难是缺乏干部。我们的高中级干部现在很重要的问题是管理技能还比较低下。

我的《华为的红旗到底能打多久》其实是针对公司员工、高中层干部而作的。对于中高层干部,华为的核心价值观你是不是真学明白了,是否具有自我批判能力了?各级干部都要有自我批判精神,我们要改变工作作风,关心部下,一定要倾听不同的意见。这些意见并非都是出于不良动机,有很多动机都是好的。各级干部部门要和持不同意见的人交朋友,分析这些人的问题,给他们以帮助,一是帮助他们改变思想方法,二是帮助他们疏散到不同的岗位上去,避开和主管领导的正面冲突。只要各级干部都真诚做员工的朋友,员工能与你说知心话,我认为应该可以弥补主管在工作中的缺陷。

2.我们一定要站在公司的立场上综合地选拔干部,而不要站在小团体、

小帮派的立场上选拔干部。

我们实行的是干部对事负责制，而不是对人负责制。对人负责制会滋生一些不良风气。否则就会使很多人说假话，拉拉扯扯，封官许愿，袒护问题，以人画线……一系列毛病都会在我们这个队伍中出现。这不符合华为公司选拔干部标准。应该看这个人的可培养性，区别他的基础、素质、他的管理能力。我们要允许持不同意见的人存在。

我们对干部有几条纪律：干部只能以个人名义表达自己的意见，我们不允许干部联合签名的方式。干部个人对问题的看法，只能用电子邮件发给专用邮箱反映，而不允许未经批准擅自把电子邮件上公告栏。当我们认为意见可以公开时，我们可在《华为人》报、《管理优化》报上发表。不管是正面意见负面意见，未经批准都是错误的。

3.我们要坚持以前制定的几条干部评定标准。

(1)各级干部都必须努力培养超越自己的接班人，这是我们事业源源不断发展的动力。没有前人为后人铺路，就没有人才辈出。只有人才辈出，继往开来，才会有事业的兴旺发达。

任何人都必须开放自己，融入华为的文化生活中去。为了企业的生存与发展，要有能上能下的心胸。只有能屈能伸的人，才会有大出息。

选拔人才要重实绩，竞争择优，做不好本职工作的，就做不好更重要的工作。当然，看人要看主流、看本质、看发展、看品质、看受过的基础训练，不要求全责备，以偏概全，更不能论资排辈。

(2)要有强烈的进取精神与敬业精神，没有干劲的人不能进入高层。不仅仅是个人的进取精神，而是他所领导的这个群体的进取与敬业精神。没有敬业精神的高级干部要调整职位。华为公司永远要充满活力，永远不允许有自满自足的情绪在公司游荡。

(3)各级领导干部不但要学会做人，也要学会做事，踏踏实实地做事，认认真真地做事。那种只说不做，或只会做表面文章的人，只会进行原则管理、从不贴近事件的人，不能得到提拔和重用。

各级干部都要亲自动手做具体事。那些找不到事又不知如何下手的干部，要优化精简，不仅要精兵简政，也要精官简政。我们将把没有实践经验的干部调整到科以下去。在基层没有做好工作的，没有敬业精神的，不得提拔。任何虚报浮夸的干部都要降职、降薪。

(4) 高中级干部要提高自身的修养，学习领导的艺术和良好的工作作风。我们要把批评与自我批评的工作作风，从高层一直传递到最基层去。我们要在公司内部允许对自己的上级，对自己的部下进行批评，否则人人都顾及影响，都做“好人”，企业管理的进步就无从说起。团结、沟通是我们工作的永恒的主题。任何一个干部，不仅要团结与自己意见一致的人，也要团结那些与自己意见不一致的人，做不到这一点就谈不上接班人，就永远不会得到提拔。

(5)任何一个干部都要清清白白做人、认认真真做事，做员工学习的榜样。不仅要严格要求自己，也要严格要求部属。只有一个群体具有高水平，才表明你这个干部的高水平。我们要持之以恒地在高中级干部中贯彻坚持原则，反对贪污，反对浪费，反对盗窃，反对假公济私，反对任人唯亲。

(6)在华为当干部要理解为一种责任，一种牺牲了个人欢愉的选择，一种要作出更多奉献的机会。每一个干部都要有远大的目光，开阔的胸怀，要在思想上艰苦奋斗，永不享受特权，与全体员工同甘共苦。我们考核干部要看他担当的社会责任（狭义），是否有利于公司的整体利益，是否促进部门的管理进步。做华为的干部就不能满足于个人成就欲，任何未经社会责任改造的人，不能成为高中级干部。

4.对干部要进行深入的了解与沟通工作。

过去十年来，干部大量被提拔上来，对干部的情况不甚了解，个人的履历可能由于种种原因有不真实的地方、家庭成员的情况可能也有变化，现在我们要求干部在这些地方要加强透明度。你可以放弃对公司的透明度，而公司也可以放弃你做干部的权利。在这个工作中，我们一定要尊重、相信干部个人对这个问题的陈述，这种陈述也是个人对企业的承诺，这种承诺我们是可以理解的。

我们还要清理干部的腐化,决不允许不良的现象存在。当然我们要重证据,尊重本人的申诉,宁可信其无,不愿信其有,我们的目的是让人改正。对干部的管理,一是要让其自我约束,二是公司进行约束。

华为公司不是生活在真空,社会上很多东西也会反映到公司中来;公司这么多年来,如果不进行各种管理,任其自由发展,就成为一个好公司,是不可能的。公司理解在发展过程中存在的这样那样的历史情况,我们希望大家对此能有个正确的陈述。大家在这个问题上要宁右勿左,不要把公司弄乱了,而是要让员工得到正确的人生观教育。

四、要有建立起大企业的思想准备、组织准备,更重要的是管理方法与管理手段的准备

1.我的《华为的红旗到底能打多久》一文,向外界说明了一个问题,华为一定会成为国际性大公司。这一点大家都已有思想准备、组织准备,而管理的方法与管理手段方面还缺乏准备。

2.在勇于自我改革、自我设计的基础上,大量引进西方成熟的管理。不要把管理改进的一切工作,都推给顾问去做。

3.要有长期思想上艰苦奋斗的准备,也包括到国外艰苦的工作岗位上去工作的准备。

不能担负起公司的使命,没有使命感和责任感,就不可能作为高中级干部在公司存在下去。我们用《华为公司基本法》确立了公司宏观管理的架构,我们还会通过一系列的子法,对其进行描述,然后引进非常多的管理方法和管理手段使管理目标能真正实现。如果用三到五年时间,我们的管理实实在在进步了,我们就是往管理架构里放了很多砖,有希望建成一个大厦。

我希望大家不要做昙花一现的英雄。华为公司确实取得了一些成就,但当我们想躲在这个成就上睡一觉时,英雄之花就凋谢了,凋谢的花能否再开,那是很成问题的。在信息产业中,一旦落后,那就很难追上了。

《华为的红旗到底能打多久》一方面是教育员工，一方面也是向外界说明了我们公司的现实。我们公司的现实是在努力改进自己的管理,因此我们能发展成为大公司,而不是垮掉。华为公司是否会垮掉,完全取决于自己,取决于我们的管理是否进步。管理能否进步,就是两个问题,一是核心价值观能否让我们的干部接受,二是能否自我批判。

任正非向中国电信调研团的汇报发言

我们这个时代是知识经济时代,它的核心就是人类创造财富的方式和致富的方式发生了根本的改变。随着时代的进步,特别是由于信息网络给人带来的观念上的变化，使人的创造力得到极大的解放，在这种情况下，创造财富的方式主要是由知识、由管理产生的,也就是说人的因素是第一位的。这是企业要研究的问题。

我司副总裁孙亚芳给我一个报告,说了三点问题:

1.说了上述致富方式发生了根本性的改变,说我国不缺科技致富的种子,而是缺少使种子成长的土壤,这就是创新机制。

2.区别社会责任(狭义)与个人成就欲望,给以疏导,发挥积极的推动作用,选择有社会责任者成为管理者，让个人成就欲望者成为英雄、模范(后面要讲)。

3.一个企业长治久安的基础是接班人承认公司的核心价值观,并具有自我批判的能力。

一个企业怎样才能长治久安,这是古往今来最大的一个问题,包括华为的旗帜还能打多久,不仅社会友好人士关心,也是我们十分关心并研究的问题。华为在研究这个问题时,主要研究了推动华为前进的主要动力是什么,怎么使这些动力能长期稳定运行,而又不断自我优化。大家越来越明白,促使核动力、油动力、煤动力、电动力、沼气动力……一同努力的源是企业的核心价值观。这些核心价值观要被接班人所确认，同时接班人要有自我批判能力。接班人是用核心价值观约束、塑造出来的，这样才能使企业长治久安。接班人是广义的，不是高层领导下台就产生个接班人。而是每时每刻都在发生的过程，每件事、每个岗位、每条流程都有这种交替行为，改进、改良、不断优化的行为。我们要使各个岗位都有接班人，接班人都要承认这个核心价值观。

华为的核心价值观分为七条，我将逐条作一些解释。

第一条：追求。

华为的追求是在电子信息领域实现顾客的梦想，并依靠点点滴滴、锲而不舍的艰苦追求，使我们成为世界级领先企业。

为了使华为成为世界一流的设备供应商，我们将永不进入信息服务业。通过无依赖的市场压力传递，使内部机制永远处于激活状态。

核心价值观的第一条是解决华为公司追求什么。现在社会上最流行的一句话是追求企业的最大利润率，而华为公司的追求是相反的，华为公司不需要利润最大化，只将利润保持一个较合理的尺度。我们追求什么呢？我们依靠点点滴滴、锲而不舍的艰苦追求，成为世界级领先企业，来为我们的顾客提供服务。也许大家觉得可笑，小小的华为公司竟提出这样狂的口号，特别在前几年。但正因为这种目标导向，才使我们从昨天走到了今天。今年我们的产值在100亿元左右，年底员工人数将达8000人，我们和国际接轨的距离正逐渐减小。今年我们的研发经费是8.8亿元，相当于IBM的1/60；产值是它的1/65。和朗讯比，我们的研发经费是它的3.5%，产值是它的4%，这个差距还是很大的，但每年都在缩小。我们若不树立一个企业发展的目标和导向，就建立不起客户对我们的信赖，也建立不起员工的远大奋斗目标和脚踏实地的精神。因为，电子网络产品大家担心的是将来能否升级，将来有无新技术的发展，本次投资会不会在技术进步中被淘汰。华为公司若不想消亡，就一定要有世界领先的概念。我们最近制定了要在短期内将接入网产品达到世界级领先水平的计划，使我们成为第一流的接入网设备供应商。这是公司发展的一个战略转折点，就是经历了十年的卧薪尝胆，开始向高目标冲击。

1.以客户的价值观为导向，以客户满意度作评价标准。瞄准业界最佳，以远大的目标规划产品的战略发展，立足现实，孜孜不倦地追求、一点一滴地实现。

我们必须以客户的价值观为导向，以客户满意度为标准，公司的一切行为都是以客户的满意程度作为评价依据。客户的价值观是通过统计、归纳、分析得出的，并通过与客户交流，最后得出确认结果，成为公司努力的方向。沿着这个方向我们就不会有大的错误，不会栽大的跟头。所以现在公司在产品发展方向和管理目标上，我们是瞄准业界最佳，现在业界最佳是西门子、阿尔卡特、爱立信、诺基亚、朗讯、贝尔实验室……我们制定的产品和管理规划都要向他们靠拢，而且要跟随他们并超越他们。如在智能网业务和一些新业务、新功能问题上，我们的交换机已领先于西门子了，但在产品的稳定性、可靠性上我们和西门子还有差距。我们只有瞄准业界最佳才有生存的余地。

公司现在最严重的问题是管理落后，比技术落后的差距还大。我们发展很快，问题很多，管理不上去，效益就会下滑。当务之急是要向国外著名企业认真学习，我们聘请了非常多的国外大型顾问公司给我们提供顾问服务。如我们的任职资格评价体系，是请的美国HAY公司来做顾问的。通过自己的消化吸收，一点一点地整改。任何整改都得先刨松土壤，这就要先从自我批评入手，才能听得进别人的意见。

公司有一个管理优化报，是专门批评自己的，也就是揭露丑陋的华为人。天津管局来公司访问时，提了一些意见，中研部、中试部全体员工组织听录音，认真反思，写了不少心得，管理优化报把它编成了一本书，叫《炼狱》，让以后的研发人员也要明白，怎么从对研究成果负责任转变为对产品负责任。

人才、技术、资金是可以引进的，管理与服务是引进不来的。必须靠自己去创造。没有管理，人才、技术、资金形不成力量，没有服务管理没有方向。

2. 坚持按大于10%的销售收入拨付研究经费。追求在一定利润水平上的成长的最大化。我们必须达到和保持高于行业平均的增长速度和行业中主要竞争对手的增长速度，以增强公司的活力，吸引最优秀的人才，和实现公司各种经营资源的最佳配置。在电子信息产业中，要么成为领先者，要么被淘汰，没有第三条路可走。

我们始终坚持以大于10%的销售收入作为研发经费。公司发展这么多年，员工绝大多数没有房子住，我们发扬的是大庆精神，先生产、后生活。而在研发经费的投入上，多年来一直未动摇，所有员工也都能接受，有人问过我，“你们投这么多钱是从哪儿来的”，实际上是从牙缝中省出来的。我们的发展必须高于行业平均增长速度和行业主要竞争对手的增长速度。过去每年以100%的增长速度发展，以后基数大了，肯定速度会放慢，那么以怎样的速度保持在业界的较高水平，这对我们来说是个很大的挑战。我们通过保持增长速度，给员工提供了发展的机会，公司利润的增长，给员工提供了合理的报酬，这就吸引了众多的优秀人才加盟到我们公司来，然后才能实现资源的最佳配置。只有保持合理的增长速度，才能永葆活力。

在电子信息产业要么领先，要么就灭亡，没有第三条路可走。华为由于幼稚走上了这条路。当我们走上这条路，没有退路可走时，我们付出了高昂的代价，我们的高层领导为此牺牲了健康。后来的人也仍不断地在消磨自己的生命，目的是为了达到业界最佳。沙特阿拉伯商务大臣来参观时，发现我们办公室柜子上都是床垫，然后把他的所有随员都带进去听我们解释这床垫是干什么用的，他认为一个国家要富裕起来就要有奋斗精神。奋斗需一代一代地坚持不懈。

3.在设计中构建技术、质量、成本和服务优势，是我们竞争力的基础。建立产品线管理制度，贯彻产品线经理对产品负责，而不是对研究成果负责的制度。

我们建立的是产品线管理制度,贯彻产品经理是对产品负责而不是对研究成果负责。因为不对产品负责任,就不会重视产品商品化过程中若干小的问题,而只重视成果的学术价值,就会使研究成果放置无用,这就是我国火箭做得好,打火机造得不好的根源。紧紧抓住产品的商品化,一切评价体系都要围绕商品化来导向,以促使科技队伍成熟化。我们的产品经理要对研发、中试、生产、售后服务、产品行销……负责任,贯彻了沿产品生命线的一体化管理方式。这就是要建立商品意识,从设计开始,就要构建技术、质量、成本和服务的优势,这也是一个价值管理问题。

4.贯彻小改进、大奖励,大建议、只鼓励的制度。追求管理不断的优化与改良,构筑与推动全面最佳化的有引导的自发的群众运动。

公司实行小改进、大奖励,大建议、只鼓励的制度。能提大建议的人已不是一般的员工了,也不用奖励,一般员工提大建议,我们不提倡,因为每个员工要做好本职工作。大的经营决策要有阶段的稳定性,不能每个阶段大家都不停地提意见。我们鼓励员工做小改进,将每个缺憾都弥补起来,公司也就有了进步。所以我们提出小改进、大奖励的制度,就是提倡大家做实。不断做实会不会使公司产生沉淀呢?我们有务虚和务实两套领导班子,只有少数高层才是务虚的班子,基层都是务实的,不能务虚。务虚的人干四件事,一是目标,二是措施,三是评议和挑选干部,四是监督控制。务实的人首先要贯彻执行目标,调动利用资源,考核评定干部,将人力资源变成物质财富。务虚是开放的务虚,大家都可畅所欲言,然后进行归纳,所以务虚贯彻的是委员会民主决策制度,务实是贯彻部门首长办公会议的权威管理制度。

5.破釜沉舟,把危机意识和压力传递到每一个员工。通过无依赖的市场压力传递,使内部机制永远处于激活状态。

我们决心永不进入信息服务业,把自己的目标定位成一个设备供应商。这在讨论中争论很大,最后被肯定下来,是因为只有这样一种方式,才能完成无依赖的压力传递,使队伍永远处在激活状态。进入信息服务业有什么坏处呢？自己的网络、卖自己产品时内部就没有压力，对优良服务是企业的生命理解也会淡化，有问题也会推诿，这样企业是必死无疑了。在国外我们经常碰到参与电信私营化这样的机会，我们均没有参加。当然我们不参加，以后卖设备会比现在还困难得多，这迫使企业必须把产品的性能做到最好，质量最高，成本最低，服务最优，否则就很难销售。任何一个环节做得不好，都会受到其他环节的批评，通过这种无依赖的市场压力传递，使我们内部机制永远处于激活状态。这是欲生先置于死地，也许会把我们逼成一流的设备供应商。

第二条：员工。

认真负责和管理有效的员工是华为最大的财富。尊重知识、尊重个性、集体奋斗和不迁就有功的员工，是我们的事业可持续成长的内在要求。

1.我们要求员工要认真负责，但认真负责不是财富，还必须管理有效。尊重知识、尊重个性、集体奋斗、不迁就有功的员工，是我们可持续发展的内在要素。市场部集体大辞职的壮举，开创了华为公司内部岗位流动制度化，使职务重整成为可能。因为创业期间他们功劳最大。他们都能上能下，别人还不能吗？

华为公司容许个人主义的存在，但必须融于集体主义之中。HAY公司曾问我是如何发现企业的优秀员工，我说我永远都不知道谁是优秀员工，就像我不知道在茫茫荒原上到底谁是领头狼一样。企业就是要发展一批狼，狼有三大特性，一是敏锐的嗅觉；二是不屈不挠、奋不顾身的进攻精神；三是群体奋斗。企业要扩张，必须有这三要素。所以要构筑一个宽松的环境，让大家去努力奋斗，在新机会点出现时，自然会有一批领袖站出来去争夺市场先机。市场部有一个狼狈组织计划，就是强调了组织的进攻性（狼）与管理性（狈）。

当然只有担负扩张任务的部门，才执行狼狈组织计划。其他部门要根据自己的特征确定自己的干部选拔原则。生产部门要是由狼组成，产品就像骨头一样，没有出门就让人扔了。

我们认为企业发展主要牵引动力是机会、人才、技术、产品，这四种力量相互作用，机会牵引人才，人才牵引技术，技术牵引产品，产品牵引更多的机会，这是一个循环。员工在这个成长圈中处于主动位置。要重视对人的研究，让他在集体奋斗的大环境中，去充分释放潜能，更有力、有序地推动公司前进。

落后者的名言是抓住机会，而发达国家是创造机会，引导消费。机会是由人去实现的，人实现机会必须有个工具，这就是技术，技术创造出产品就打开了市场，这又重新创造了机会，这是一个螺旋上升的循环。这四个因素中，最重要的还是人。国家和国家的竞争，实质是大企业之间的竞争。经济的竞争体现的是技术的竞争，技术优势的产生是由教育基础构成的。中国“地大物博”，只有靠科教兴国，从人的头脑中挖掘资源。农村的养猪能手、种田能手很可能是爱因斯坦胚子，只是没有受到系统的教育。国家只要坚持科教兴国，那么下一世纪是很有希望的，特别是党的十五大以后开创的新局面，我们国家在十年以后会有很大变化。

2.我们坚持人力资本的增值大于财务资本的增值。我们尊重知识、尊重人才，但不迁就人才。不管你有多大功劳，决不会迁就。我们构筑的这种企业文化，推动着员工的思想教育。

华为公司十分重视对员工的培训工作，每年为此的付出是巨大的。原因是中国还未建立起发育良好的外部劳动力市场，不能完全依赖在市场上解决。二是中国的教育还未实现素质教育，毕业的学生上手的能力还很弱，需要培训。三是信息技术更替周期太快，老员工要不断地充电。公司有多少种员工培训中心，我也不清楚。总之员工之间的相互培训，已逐渐形成制度。

我讲一个例子，新员工的培训。我们每年招聘大约3000人，专门有个新员工培训大队，还分了若干中队，不少高级干部包括副总裁担任小队长。新员工关起门来学半个月的企业文化，从思想上建立统一的认识。他们写的一些个人感受的文章被编成了一本书，叫《第一次握手》，由中国青年出版社出版。我们对所有的学生以同样的标准来要求，从一开始就培育团结合作、群体奋斗的精神，从而推动实现集体奋斗的宗旨。将来在工作中，会更多地放松一些对个性的管理，有了这种集体奋斗的土壤，个性的种子才能长成好的庄稼。

我们尊重有功劳的员工，给他们更多一些培训的机会，但岗位的设置一定要依据能力与责任心来选拔。进入公司以后，学历、资历自动消失，一切根据实际能力、承担的责任来考核识别干部。

我们建立了一种思想导师的培养制度，这是从中研部党支部设立以党员为主的思想导师制度，对新员工进行指导开始的。公司正在立法，以后没有担任过思想导师的员工，不得提拔为行政干部，不能继续担负导师的，不能再晋升。要把培养接班人的好制度固化下来。

3.我们不搞终身雇佣制，但这不等于不能终身在华为工作。我们主张自由雇佣制，但不脱离中国的实际。

公司与员工在选择的权利上是对等的，员工对公司的贡献是自愿的。自由雇佣制促使每个员工都成为自强、自立、自尊的强者，从而保证公司具有持久的竞争力。

由于双方的选择是对等的，领导要尊重员工，员工要珍惜机会。对双方都起到了威慑作用，更有利于矛盾的协调。

公司的制度也以适应自由雇佣制来制定。例如，公司每年向每位员工发放退休金，建立他的个人账户，离开公司时这笔钱可随时带走，使员工不要对企业产生依赖。越是这样员工越是稳定，所有的员工都会想办法不要让上级把自己“自由”掉了，上级也担心与员工处不好，不能发挥他的作用，做出成绩来。一旦员工要被“自由”掉了，可先转入再培训，由培训大队对员工进行再甄别，看到底是这个员工确实不行，还是领导对员工的排斥、打击，所以领导也不会随意挤兑一个员工。对人才没必要一味迁就、承诺，随意承诺是灾难。企业和员工的交换是对等的，企业做不到的地方员工要理解，否则你可以不选择企业，若选择了企业就要好好干。自由雇佣制是企业稳定的因素。

4.招聘与录用。华为依靠自己的宗旨和文化，成就与机会，以及政策和待遇，吸引和招揽天下一流人才。我们在招聘和录用中，注重人的素质、潜能、品格、学历和经验。按照双向选择的原则，在人才使用、培养与发展上，提供客观且对等的承诺。

我们将根据公司在不同时期的战略和目标，确定合理的人才结构。

华为公司在招聘、录用过程中，最注重员工的素质、潜能、品格、学历，其次才是经验。很多企业更多地注重人的经验，而我们更看重人有无发展培养的潜力，所以每年我们公司的培训费用非常大。现在一些外资企业员工涌向我们公司，他们希望得到更多的培训，为实现个人价值，使个人才华得到更大发挥。因为在外资企业不容易进入核心决策层。华为公司待遇标准仅是中国业界最佳的80%，这使那些仅仅为了钱的人不愿来我们公司，而那些为了干一番事业的人就想来我们公司。这也有利于我们队伍的建设。

重视人的素质、潜能、品格是非常重要的。对人的选拔，德非常重要。要让千里马跑起来，先给予充分信任，在跑的过程中进行指导、修正。从中层到高层品德是第一位的，从基层到中层才能是第一位的，选拔人的标准是变化的，在选拔人才中重视长远战略性建设。

我们在过去发展的困难时期，一手抓研发，一手抓市场营销，忽略了整个公司管理建设，因此这两个部门很棒但没有很好融合起来，造成资源浪费。很多产品做出来了，但没有尽快完成销售。这是我们存在的问题。

5.报酬与待遇。我们在报酬与待遇上，坚定不移向优秀员工倾斜。

工资分配实行基于能力主义的职能工资制；奖金的分配与部门和个人的绩效改进挂钩；安全退休金等福利的分配，依据工作态度的考评结果；医疗保险按贡献大小，对高级管理和资深专业人员与一般员工实行差别待遇，高级管理和资深专业人员除享受医疗保险外，还享受医疗保健等健康待遇。

我们在报酬方面从不羞羞答答，坚决向优秀员工倾斜。

我们坚决推行在基层执行操作岗位，实行定岗、定员、定责、定酬的以责任与服务作为评价依据的待遇系统。以绩效目标改进作为晋升的依据。

我们坚决执行不断继承与发展的，以全面优质服务为标准的管理体系的绩效改进的评价系统。

我们坚决在产品与营销体系推行向创业与创新倾斜的激励机制。创新不是推翻前任的管理，另搞一套，而是在全面继承的基础上不断优化。从事新产品开发不一定是创新，在老产品上不断改进不一定不是创新，这是一个辩证的认识关系。一切以有利于公司的目标实现成本为依据，要避免进入形而上学的误区。

6. 自动降薪。公司在经济不景气时期，以及事业成长暂时受挫阶段，或根据事业发展需要，启用自动降薪制度，避免过度裁员与人才流失，确保公司渡过难关。

其真实目的在于，不断地向员工太平意识宣战。

公司采取自动降薪原则，这是我在德国考察时受到的启发。第二次世界大战结束后，德国一片瓦砾，很困难，德国工会起到很大作用，工会联合起来要求降薪，从而增强企业的活力。这使我很感动，德国工人把企业的生死存亡看得很重。我们也不能把员工培养成贪得无厌的群众。我们要向员工的太平意识宣战。现在的市场是十分严峻的，外国厂家拼命倾销，中国企业不堪重负。我们有员工提出为什么不建华为大厦让大家免费居住，为什么不实行食堂吃饭不要钱，既然公司花很多钱支持希望工程、提供寒门学子基金，还要支持烛光计划。不管公司经济上能否实现，这都反映了员工的太平意识，这种太平意识必须长期受到打击，否则公司就会开始迈向没落。现在公司的自动降薪就是用演习的方式进行打击。

7. 晋升与降格。每个员工通过努力工作，以及在工作中增长的才干，都可能获得职务或任职资格的晋升。与此相对应，保留职务上的公平竞争机制，坚决推行能上能下的干部制度。公司遵循人才成长规律，依据客观公正的考评结果，建立对流程负责的责任体系，让最有责任心的明白人担负重要的责任。我们不拘泥于资历与级别，按公司组织目标与事业机会的要求，依据制度性甄别程序，对有突出才干和突出贡献者实现破格晋升。但是，我们提倡循序渐进。

我们要求每个员工都要努力工作，在努力工作中得到任职资格的提升。我们认为待遇不仅仅指钱，还包括职务的分配、责任的承担。干部的职务能上能下，因为时代在发展，企业在大发展，而个人的能力是有限的，这是组织的需求，个人要理解大局。

我们让最有责任心的人担任最重要职务。到底是实行对人负责制，还是对事负责制，这是管理的两个原则。我们公司确立的是对事负责的流程责任制。我们把权力下放给最明白、最有责任心的人，让他们对流程进行例行管理。高层实行委员会制，把例外管理的权力下放给委员会，并不断地把例外管理，转变为例行管理。流程中设立若干监控点，由上级部门不断执行监察控制。这样公司才能做到无为而治。

公司也很重视优秀员工的晋升和提拔，我们区别干部有两种原则，一是社会责任（狭义），二是个人成就感。社会责任不是指以天下为己任，不是指先天下之忧而忧、后天下之乐而乐这种社会责任，我们说的社会责任是在企业内部，优秀的员工是对组织目标的强烈责任心和使命感，大于个人成就感。是以目标是不是完成来工作，以完成目标为中心，为完成目标提供了大量服务，这种服务就是狭义的社会责任。有些干部看起来好像没有什么成就，但他负责的目标实现得很好，他实质上就起到了领袖的作用。范仲淹说的那种广义的社会责任体现出的是政治家才能，我们这种狭义的社会责任体现出的是企业管理者才能。我们还有些个人成就欲特强的人，我们也不打击他，而是肯定他，支持他，信任他，把他培养成英雄模范。但不能让他当领袖，除非他能慢慢改变过来，否则永远只能从事具体工作。这些人没有经过社会责任感的改造，进入高层，容易引致不团结，甚至分裂。但基层没有英雄，就没有活力，就没有希望。所以我们把社会责任（狭义)和个人成就都作为选拔人才的基础。企业不能提拔被动型人才,允许你犯错误,不允许你被动。使命感、责任感,不一定是个人成就感。管理者应该明白,是帮助部下去做英雄,为他们做好英雄,实现公司的目标提供良好服务。人家去做英雄,自己做什么呢?自己就是做领袖。领袖就是服务。

一定要推行能上能下的干部制度,以使组织建设顺应市场形势的发展变化,增强企业的竞争力。

8. 职务轮换与专长培养。我们对中高级主管实行职务轮换政策。没有周边工作经验的人,不能担任部门主管。没有基层工作经验的人,不能担任科以上干部。我们对基层主管、专业人员和操作人员实行岗位相对固定的政策,提倡爱一行,干一行;干一行,专一行。爱一行的基础是要通得过录用考试,已上岗的员工继续一行的条件是要经受岗位考核的筛选。

我们有个原则,高中级主管要进行岗位轮换。我们有个副总裁叫李一男,给公司写了一个报告,建议高层领导应一年一换,不然容易形成个人权力圈,造成公司发展整个不平衡。我们主张没有周边工作经验的人不能当主管,没有基层工作经验的人不能当科长,我们对基层操作人员实行相对固定的政策,提倡爱一行、干一行,干一行、钻一行。我们的干部轮换有两种,一是业务轮换,如研发人员去搞中试、生产、服务,使他真正理解什么叫做商品,那么他才能成为高层资深技术人员,如果没有相关经验,他就不能叫资深。因此,资深两字就控制了他,使他要朝这个方向努力。另一种是岗位轮换,让高中级干部的职务发生变动,一是有利公司管理技巧的传播,形成均衡发展,二是有利于优秀干部快速成长。去年我们动员了两百多个硕士到售后服务系统去锻炼。我们是怎样动员的呢?我们说,跨世纪的网络营销专家、技术专家要从现场工程师中选拔,另外,凡是到现场的人工资比中研部高500元。一年后,他们有的分流到各种岗位上去,有的留下做了维修专家。他们有实践经验,在各种岗位上进步很快,又推动新的员工投入这种循环。这种技术、业务、管理的循环都把优良的东西带到基层去了。

第三条：技术。

广泛吸收世界电子信息领域的最新研究成果，虚心向国内外优秀企业学习，在独立自主的基础上，开放合作地发展领先的核心技术体系，用我们卓越的产品自立于世界通信列强之林。

1.紧紧围绕在电子信息技术领域发展，不受其他投资机会所诱惑。树立为客户提供一揽子解决问题的设想，全方位为客户服务。

我们广泛吸收世界电子信息技术最新研究成果，虚心向国内外优秀企业学习，在独立自主基础上，开放合作地发展领先核心技术体系。我们紧紧围绕电子信息领域来发展，不受其他投资机会所诱惑，树立为客户提供一揽子解决问题的设想，为客户服务。公司从创业到现在，紧紧围绕着通信，后来扩展到信息。大家知道，深圳经历了两个泡沫经济时代，一个是房地产，一个是股票。而华为公司在这两个领域中一点都没有卷进去，倒不是什么出淤泥而不染，而是我们始终认认真真地搞技术。房地产和股票起来的时候，我们也有机会，但我们认为未来的世界是知识的世界，不可能是这种泡沫的世界，所以我们不为所动。

我们正在制订在通信产品上全面发展的计划，以能为客户提供全面的技术服务为目标，提升低成本的一揽子解决问题的能力。相信三年以后用户会更接纳我们。

2.高度重视核心技术的自主知识产权。

我国引进了很多工业，为什么没有形成自己的产业呢？关键核心技术不在自己手里。掌握核心，开放周边，使企业既能快速成长，又不受制于人。

可以举个例子，华为将作为世界大传输厂商角逐于世界市场，为什么？传输的芯片是我们自己开发的，使用的是0.35μ的技术，而且功能设计比较先进。可以肯定，在2.5G以下我们做得比国外的好。例如华为在新一代传输体制SDH中展现出强大的活力，2.5G以下级别交叉能力是全世界最强的，实现了低阶全交叉连接功能，十分适应中国电信网络复杂的需求。

在自行设计的芯片中，完成的复杂数字运算功能，大大地提高了光同步传输设备的业务接口在抖动、漂移等方面的指标特性。支撑网中适应高精度定时要求的网同步技术，延伸了SDH设备在节点数和距离方面的应用。

只有拥有核心技术知识产权，才能进入世界竞争，我们的08机之所以能进入世界市场，是因为我们的核心知识产权没有一点是外国的。

3. 遵循在自主开发基础上广泛开放合作的原则。重视广泛的对等合作和建立战略伙伴关系，使自己的优势得以提升，优势更优势。

我们重视广泛的对等合作和建立战略伙伴关系，使自己的优势得以提升。在此我不便说出具体战略合作伙伴，但我们的合作确实是十分真诚的。我们已得到国际伙伴的重视和支持。不卑不亢，平等友好，也得到了国外著名公司的信任，包括一些竞争对手。在国外有人问我，你们是竞争对手，怎么会让你去看呢？我说和平与发展是国家之间的主旋律，开放与合作是企业之间的大趋势，大家都考虑到未来世界谁都不可能独霸一方，只有加强合作，你中有我，我中有你，才能获更大的共同利益。所以他们愿意给我们提供一些机会。所以这种广泛对等的合作，使我们的优势很快得到提升，可以迅速推出很多新的产品，使我们能在很短时间提供和外国公司一样的服务。

4.没有基础技术研究的深度，就没有系统集成的高水准；没有市场和系统集成的牵引，基础技术研究就会偏离正确的方向。

我们一定要搞基础研究，不搞基础研究，就不可能创造机会、引导消费。我们的基础研究是与国内大学建立联合实验室来实施的。我们的预研部，只有在基础研究出现转化为商品的机会时，才大规模扑上去。

第四条：精神。

爱祖国、爱人民、爱事业和爱生活是我们凝聚力的源泉。责任意识、创新精神、敬业精神与团结合作精神是我们企业文化的精髓。实事求是是我们行为的准则。

1.君子取之以道，小人趋之以利。以物质利益为基准，是建立不起一个强大的队伍的,也是不能长久的。

必须使员工的目标远大化,使员工感知他的奋斗与祖国的前途、民族的命运是连接在一起的。

在华为公司,物质文明和精神文明是并存的。我们认为企业的发展不能以利益来驱动,君子取之以道,小人趋之以利,以物质利益为基准,是建立不起强大的队伍的,也是不能长久的。农民革命、个体户、一些小公司的一些经营行为都是以利益为驱动,这都是不能长久的。所以必须使员工的目标远大化,使员工感到他的奋斗与祖国的前途、民族的命运是连在一起的。为伟大祖国的繁荣昌盛,为中华民族的振兴,为自己与家人的幸福而努力奋斗。我们提倡精神文明,但我们常用物质文明去巩固。这就是我们说的两部发动机,一部为国家,一部为自己。

2.坚决反对空洞的理想。做好本职工作。没有基层工作经验不提拔。不唯学历。

同时我们坚决反对空洞的理想,青年学生最大的弊病就是理想太大。因此,在华为,不论什么学历,进公司一星期后学历自动消失,所有人在同一起跑线上。凭自己的实践获得机会。强调后天的进步,有利于员工不断地学习。

要保证组织与文化的统一,思想教育不能放松。公司要坚持从思想导师中选拔管理干部的制度。

3.培养员工从小事开始关心他人。要尊敬父母,帮助弟妹,对亲人负责。在此基础上关心他人。支持希望工程,寒门学子,烛光计划……平时关心同事,以及周围有困难的人。修养自己。

只有有良好的个人修养,才会关怀祖国的前途。

我们培养员工从小事关心他人,关心自己的亲人,帮助我们的亲人就是帮助我们的国家。只有有良好的个人修养,才会关怀祖国的前途。一个连父母、家庭都不爱的人,爱天下未免缺乏真实感。什么时候你是个中国人呢?当你在任何时候看到中国取得的巨大成就落泪时,你就是个中国人了。北大校庆时，江泽民主席在台上讲话，下面众多老北大人流泪时，我觉得他们是真正的中国人。只有站在国家的高度去思考问题，才是真正的中国人。

4. 华为的企业文化是建立在国家文化的基础上的。中国的国家文化就是共产党文化。华为把共产党的最低纲领分解成一点一点可执行操作的目标，给员工引导与鼓励。

华为公司内部的口号很实际，不空洞，因此常有人说是灰色的。但员工听了很亲切，能实现，慢慢地就做起来了。但把这些灰色的口号叠加在一起，就会发现它与国家的精神目标是完全一致的。比如，各尽所能，按劳分配。怎么使员工各尽所能呢？关键是要建立公平的价值评价和价值分配制度，使员工形成合理的预期，他相信各尽所能后你会给他合理的回报。而怎么使价值评价做到公平呢？就是要实行同等贡献，同等报酬原则。不管你是博士也好，硕士也好，学士也好，只要作出了同样的贡献，公司就给你同等的报酬，这样就把大家的积极性都调动起来了。

第五条：利益。

华为主张在顾客、员工与合作者之间结成利益共同体。努力探索按生产要素分配的内部动力机制。我们决不让雷锋吃亏，奉献者定当得到合理的回报。

1.将矛盾的对立关系，转化为合作协调关系。使各种矛盾关系结成利益共同体，变矛盾为动力。

华为主张在顾客、员工与合作者之间结成利益共同体。

公司努力探索企业按生产要素分配的内部动力机制，使创造财富与分配财富合理化，以产生共同的更大的动力。我们决不让雷锋吃亏，奉献者定当得到合理的回报。这种矛盾是对立的，我们不能把矛盾的对立绝对化。改革开放前总是搞矛盾绝对化，不是革命者就是反革命，不是社会主义就是资本主义。而我们是把矛盾的对立转化为合作协调，变矛盾为动力。

2.对客户的长远的承诺，对优良供应商的真诚合作与尊重。客户的利益就是我们的利益。通过使客户的利益实现,进行客户、企业、供应商在利益链条上的合理分解,各得其所,形成利益共同体。

以客户满意度为企业标准,孜孜不倦去努力构建企业的优势。赢得客户的信任。

我们认为:客户的利益就是我们的利益。我们从产品设计开始,就考虑到将来产品的无代演进。别的公司追求产品的性能价格比,我们追求产品的终生效能费用比。为了达到这个目标,我们宁肯在产品研制阶段多增加一些投入。只有帮助客户实现他的利益。只有他们有利益,在利益链条上才有我们的位置。

3. 公司的竞争力成长与当期效益的矛盾,员工与管理者之间的矛盾……在诸种矛盾中,寻找一种合二为一的利益平衡点,驱动共同为之努力。

公司的竞争力成长与当期效益是矛盾的,员工与管理者之间是矛盾的……这些矛盾是动力,但也会形成破坏力,因此所有矛盾都要找到一个平衡点,驱动共同为之努力。管理者与员工之间矛盾的实质是什么呢?其实就是公司目标与个人目标的矛盾。公司考虑的是企业的长远利益,是不断提升企业的长期竞争力。员工主要考虑的是短期利益,因为他们不知道将来还会不会在华为工作。解决这个矛盾就是要在长远利益和眼前利益之间找到一个平衡点。我们实行了员工股份制。员工从短期效益中得到工资、奖金、退休金、医疗保障,从长远投资中得到股份分红,避免了员工的短视。

4.我们认为,劳动、知识、企业家和资本创造了公司的全部价值。

我们是用转化为资本这种形式,使劳动、知识以及企业家的管理和风险的累积贡献得到体现和报偿;利用股权的安排,形成公司的中坚力量和保持对公司的有效控制,使公司可持续成长。知识资本化与适应技术和社会变化的有活力的产权制度,是我们不断探索的方向。

我们认为,企业的价值是由劳动、知识、企业家和资本共同创造的。公司实行知识资本化,让每个员工通过将一部分劳动所得转成资本,成为企业的主人。我们强调员工的敬业精神，选拔和培养全心全意高度投入工作的员工，实行正向激励推动。不忌讳公司处于的不利因素，公开公司当前存在的问题，使员工习惯受到压力，激发员工拼命努力的热情。员工有个共识，不要问国家给了你什么，要问你为国家做了什么。

第六条：文化。

资源是会枯竭的，唯有文化才会生生不息。一切工业产品都是人类智慧创造的。华为没有可以依存的自然资源，唯有在人的头脑中挖掘出大油田、大森林、大煤矿……精神是可以转化为物质的，物质文明有利于巩固精神文明。我们坚持以精神文明促进物质文明的方针。

这里的文化，不仅包含了知识、技术、管理、情操……也包含了一切促进生产力发展的无形因素。

华为公司认为资源是会枯竭的，唯有文化才会生生不息。这里的文化不是娱乐活动，而是一种生产关系。我们公司一无所有，只有靠知识、技术，靠管理，在人的头脑中挖掘出财富。我们一定要让员工有危机意识。

这一点是我在阿联酋考察时所得。阿联酋作为一个沙漠里的小国，他们和以色列一样非常伟大，他们把石油所得资金转化为一种民族文化，让全民族的人都到英国、美国等世界各国接受良好教育，通过这种不断的循环，用一百年的时间，成为一个非常发达的国家，事实也正是这样。全世界最漂亮的城市就是阿联酋。在沙漠里面完全是用淡化海水浇灌出的花草，房子的建设等各方面都非常漂亮。以此为基础，在2个小时的飞机行程、7天汽车行程为半径的范围内形成了一个经济圈，印度和巴基斯坦都在这个圈内，以自己为中心建一个商业中心作为中转港，自己称为中东的香港。现在商业收入与石油相比已占国民收入的 40%，继续这样发展下去，当石油枯竭时，他绝不会再去赤日炎炎的沙漠放羊。正像孙亚芳副总裁在以色列的感受，想想我们与以色列相比，我们的自然资源不知要好多少倍。以色列能在一亩地上产35吨西红柿，我们如果能每亩生产3.5吨就已经很了不起了。

以色列国在2000多年前被人家征服了，犹太民族迁徙到世界各地。但犹太文化保存下来了，而且生生不息。结果两千年后，犹太民族又在原来的地方重建了自己的国家。

华为唯一可以依存的是人。当然是指奋斗的、无私的、自律的、有技能的人。如何培养造就这样的人，是十分艰难的事情。

1.知识经济时代，企业生存和发展的方式，也发生了根本的变化，过去是靠正确地做事，现在更重要的是做正确的事。过去人们把创新看作是冒风险，现在不创新才是最大的风险。

知识经济时代，企业生存和发展的方式发生了根本的变化，过去是资本雇佣劳动，资本在价值创造要素中占有支配地位。而知识经济时代是知识雇佣资本。知识产权和技术诀窍的价值和支配力超过了资本，资本只有依附于知识，才能保值和增值。

过去人们把创新看作是冒风险，现在不创新才是最大的风险。江泽民同志说创新是民族之魂。社会上对我们有许多传闻，为我们的经营风险感到担忧，只有我们自己知道我们实际是不危险的，因为我们每年的科研和市场的投入是巨大的，蕴含的潜力，远大于表现出来的实力，这是我们敢于前进的基础。公司十分注重内部管理的进步。我们把大量的有形资产变成科研成果和市场资源，虽然利润暂时下降了，但竞争力增强了。

2.我们要逐步摆脱对技术的依赖，对人才的依赖，对资金的依赖，使企业从必然王国走向自由王国，建立起比较合理的管理机制。当我们还依赖于技术、人才和资金时，我们的思想是受束缚的，我们的价值评价与价值分配体系还存在某种程度的扭曲。

摆脱三个依赖，走向自由王国的关键是管理。通过有效的管理构建起一个平台，使技术、人才和资金发挥出最大的潜能。

我们要逐步摆脱对技术的依赖，对人才的依赖，对资金的依赖，使企业从必然王国走向自由王国，建立起比较合理的管理机制……对人的管理才是最大的财富。当我们还依赖于人才，依赖于技术，依赖于资金时，我们的价值评价体系就存在一定程度的扭曲，我们还不能说是获得了自由。只有摆脱三个依赖，才能科学决策。我们起草基本法，就是要构建一个平台，构筑一个框架，使技术、人才、资金发挥出最大的潜能。

3.强调员工的敬业精神，选拔和培养全心全意高度投入工作的员工，实行正向激励推动。不忌讳公司处于的不利因素，激发员工拼命努力的热情。

知识、管理、奋斗精神是华为创造财富的重要资源。我们在评价干部时，常常用的一句话，此人肯投入，工作卖力，有培养前途。只有全心全意投入工作的员工，才能造就成优良的干部。我们常常把这些人，放到最艰苦的地方、最困难的地方，甚至对公司最不利的地方，让他们快快成熟起来。

第七条：社会责任。

华为以产业报国和科教兴国为己任，以公司的发展为所在社区作出贡献。为伟大祖国的繁荣昌盛，为中华民族的振兴，为自己和家人的幸福而努力。

两部发动机，为国家，也为自己与亲人。实事求是，合乎现阶段人们的思想水平。客观上实现了为国家。

中国是人均资源较少的国家。唯有科技兴国一条振兴的出路。这是企业的社会责任。

我们国家过去在导向上有失误的地方，总是宣传要人民关心国家大事，结果人人都去关心国家大事，不去关心怎么把本职工作做好。华为公司正相反，不鼓励员工都去关心国家大事，而是鼓励员工把本职工作做好。本职工作搞好了，公司发展了，对国家的贡献大了，国家的大事也就容易解决了。

华为经历了10年的努力，确立了自己的价值观，这些价值观与企业的行为逐步可以自圆其说了，形成了闭合循环。因此，它将会像江河水一样不断地自我流动，自我优化，不断地丰富与完善管理。不断地流，不断地优化；企业规模增大，流量不断自动加大，管理不断自我丰富。存在的问题，这次不被优化，下次流量再大时一定会暴露无遗，事后也会得到优化，再重新加入流程运行。不断地流，不断地优化，再不断地流，再不断地优化，循环不止，不断升华。慢慢地淡化了企业家对它的直接控制（不是指宏观的控制），那么企业家的更替与生命终结，就与企业的命运相分离了。长江就是最好的无为而治，不管你管不管它，都不废江河万古流。

公司已确立了接班人的标准，各级岗位上正在涌现成千，以后还会上万的优秀儿女，他们承认华为的核心价值观，并拥有自我批判的能力。数十年对他们的不断优化，不断的成长，接班队伍的不断扩大，任何不合乎发展规律的东西都经不起时间的考验，企业管理将会有良好的净化能力。经过一代又一代的华为人的努力，华为的红旗会一代又一代更加鲜艳。

一个企业的内外发展规律是否真正认识清楚，管理是否可以做到无为而治，这是需要我们一代又一代的优秀员工不断探索的问题。只要我们努力，就一定可以从必然王国走向自由王国。

任正非在来自市场前线汇报会上的讲话

什么是英雄，人们常常把文艺作品、影视作品中的人物作参照物。因此，在生活中没有找到英雄，自己也没有找到榜样。英雄很普通，强渡过大渡河的英雄到达陕北后还在喂马，因此，解放初期，曾有团级马夫的称谓。毛泽东在诗词中说过“遍地英雄下夕烟”，他们是农民革命军，那些手上还有牛粪，风起云涌投入革命的农民。他还说过：“数风流人物还看今朝”，在20世纪50年代公开发表时，是指当时社会主义建设时期的积极分子。什么是华为的英雄？是谁推动了华为的前进？不是一两个企业家创造了历史，而是70%以上的优秀员工，互动着推动了华为的前进，他们就是真正的英雄。如果我们用完美的观点去寻找英雄，是唯心主义。英雄就在我们的身边，天天和我们相处，他身上就有一点值得您学习。我们每一个人的身上都有英雄的行为。当我们任劳任怨、尽心尽责地完成本职工作，我们就是英雄。当我们思想上艰苦奋斗，不断地否定过去；当我们不怕困难，愈挫愈勇，您就是您心中真正的英雄。我们要将这些良好的品德坚持下去，改正错误，摒弃旧习，做一个无名英雄。

历时8年的市场游击队，锻炼了多少的英豪。没有他们含辛茹苦的艰难奋战，没有他们的“一把炒面，一把雪”，没有他们在云南的大山里、在西北的荒漠里、在大兴安岭风雪里的艰苦奋斗；没有他们远离家人在祖国各地，在欧洲、非洲的艰苦奋斗；没有他们在灯红酒绿的大城市，面对花花世界而埋头苦心钻研，出淤泥而不染，就不会有今天的华为。吃水不忘挖井人，我们永远不要忘记他们。没有他们“一线一线”地奋力推销，没有他们默默无闻地装机与维护，哪有今天的大市场。随着时代的发展，我们需要从游击队转向正规军，像参谋作业一样策划市场，像织布那样精密管理市场。前不久他们为市场方法的大转移而集体辞职，又让出权利，开创了制度化的让贤。他们能这样做，十分难能可贵。他们的精神永远记载在我们的发展史上。他们8年读人的经验十分宝贵，他们经历了8年考验的高尚品格难能可贵，是可培养的最好基才。人的才华的外部培养相对而言是比较快的，人的德的内部修炼是十分艰难的，他们是我们事业的宝贵财富、中坚力量，各级干部要多培养、帮助他们，提供更多的机会。我们这个大发展的时候，多么缺乏一群像他们那样久经考验的干部。“烧不死的鸟就是凤凰”，有些火烧得短一些，有些火要烧得长一些；有些是“文火”，有些是“旺火”。它是华为人面对困难和挫折的价值观，也是华为挑选干部的价值标准。经过千锤百炼的干部是第二次创业的希望，我相信会有许多新老干部担负起华为的重任。我们期待着他们。

我们是会富裕起来的，生活、工作环境都会逐渐有较大改善。我们要从管理上要效益，从管理效益中改善待遇。我们不断推行严格、科学、有效的管理，要逐步减少加班，使员工的身体健康得到保障。有健康的身体，才有利思想上艰苦奋斗。我们要对早期参加工作，消磨了健康的员工，有卓越贡献而损害了健康的员工，对担子过重而健康不佳的高中级干部提供更好的疗养条件，使他们恢复健康。百年树人，不能因一时的干旱，毁坏了我们宝贵的中坚力量。我们已走出了困境，我们有条件帮助历史功臣，我们永远不会忘记他们的功勋。

我代表公司，深深地感谢各条战线上涌现出来的英雄。没有他们的奉献精神就没有我们今天的事业。但是，我们也应当看到，英雄是有一定时间性的，今天的成功，不是开启未来成功之门的钥匙。要永葆英雄本色，就要不断地学习。戒骄戒躁，不断超越自我。我们呼唤英雄。我们要特别对从前方回来的员工提供更多的培训机会，改进培训的手段，大力发展电化教学，使公司各种好的培训能普及到天涯海角。我们任何一个到前方去的技术与管理人员，都至少要抽一个小时在办事处讲一课。做不到这一点的，考核中的团结合作，就要打折扣。每一个市场人员，都要利用点滴时间自我培训，每天、每时，与每一个人打交道，你都是受着不同方位的培训，只是不自觉罢了。我们提倡自觉地学习，特别是在实践中学习。你自觉地归纳与总结，就会更快地提升自己。公司的发展，给每个人都创造了均等的机会。英雄要赶上时代的步伐，要不断地超越自我。市场部集体辞职展示的1000多名员工的高风亮节，要从你们的未来再次体现。

在战争硝烟还未散去、在我们的干部还在崇尚领兵作战的今天，我们就开始进行干部的正规化训练，是十分艰难的转移。不这样抓管理建设，我们就会贻误将来出现的大好时机，而成为叶公好龙。这种崇尚领兵作战，在各个系统、各个方面都有。我们要寻找一批真正认识管理的内涵和永恒的管理主题的志士仁人。早一些学管理，早一些主动。

我们会不断地改善物质条件，但是艰苦奋斗的工作作风不可忘记，忘记过去就意味着背叛。我们永远强调在思想上艰苦奋斗。思想上艰苦奋斗与身体上艰苦奋斗的不同点在于：思想上艰苦奋斗是勤于动脑，身体上艰苦奋斗只是手脚勤快。我们要提拔重用那些认同我们的价值观，又能产生效益的干部。我们要劝退那些不认同我们的价值观，又不能创造效益的人，除非他们迅速转变。

我们坚定不移地反对富裕起来以后的道德滑坡，庸俗的贪婪与腐败，不管他职务高低。我们要重塑新时代的民族精神，为伟大祖国的振兴而贡献青春与年华。

我们公司在市场上还面临着巨大的艰难，在低端产品上我们与外国公司还有品牌效应的差距，在高端产品上我们还有技术差距。由于历史的原因，我们在市场上还处在低层次网上，在外国公司已全覆盖的网中，争夺一个一个的小点。我们的先进产品STP、智能网、支撑网还得不到用户的信任，尽管有些产品在境外已经开局成功，国内一年多了还无人使用，怎么让用户信任我们。1997年仍然是一个十分艰难困苦的年月，我们还得奋力去拼搏；还期待更多的英雄投入到火热的市场生活中去；还要在新的起点，从零起步，努力去学习，勇敢地挑战明天；不断提高个人素养、改进管理、增加效益，为公司的大发展铺平道路。历史给了你们使命，不能躺在功劳簿上，而要不断革命。新老干部要团结合作，只有携手共进，才能优势互补。英雄是一种集体行为，是一种集体精神，要人人争做英雄。

我们在市场上还存在非常多的困难，但可喜的是我们的研究队伍一天一天成熟起来。世界许多著名公司看到他们这么年轻，就已进入了当代信息科学的前沿，10年之后不好估量，谁能说一大批中国土博士不能成为世界英才？今年我们的研究、中试经费将达到4亿元人民币，无论装备还是规模上都从土枪土炮时代开始上升。我们组建一年的中试系统已经开始走上正轨，一批“宽频带、高振幅”的工程专家正在成长，我们推出的新产品，已不像过去那样需要去救火，而且在工艺研究水平、容差设计水平方面开始接近国际水平。我们的生产系统正逐步实现全面质量管理，产品的可靠度已大大提高，有力地支援了前方。而且1997年和1998年还超大规模地投资生产设备的改造。小米加步枪时代培养出来的一大批干部已走上了现代管理岗位。我们的管理系统尽管还很薄弱，但采购系统、财务系统、计划审计、行政、服务系统都有较大幅度的进步，管理工程正在推进管理国际接轨。公司一片新气象，支撑系统基础工作的不断做实，将会给前方有力的支持。

我们正在贯彻公司的基本法，它将牵引我们从企业家管理走向职业阶层管理。一系列的子基本法将会在1997年、1998年产生，具体地指导我们的工作。相信我们一定会顺利渡过转型的3年，建成一个内耗小，又充满活力的公司。

公司的基本法归纳了过去8年的经验，也是规划公司未来10年发展的纲领性的文件，每一个高中级干部必须认真学习，结合自己的工作写出心得体会，教育自己和别人。一定要认真去自学。任何一个想进步的基层干部与员工，都必须积极地去学习、领会，基本法是我们企业文化的精髓，是公司上下形成最佳合力的基础。不领会基本法的深刻内涵，不会潜移默化地引导自己工作的干部，不允许进入高中层，我们决不允许管理层出现夹心饼干。同时，我们坚决反对机械地、照搬条文、形左实右的作风，这是不尽心尽责的表现。

我号召每一个员工带一份基本法回去度春节，在等待年夜饭的时候，认真读一读，一字一句去理解。我想半个月的学习，会使你一生受益。

我们今后的学习，不强调硬性的组织学习，而是允许兴趣相投的人自愿组织学习研究小组，去深刻地改进你所从事的本职工作，推进国际接轨的步伐。但不学习的科以上干部、工程师要受到考核。

20世纪最后几年，伟大的祖国从南到北，从东到西，呈现一派生机蓬勃。当前，国家政治稳定，经济发展有序，人民生活水准大幅度提高，进入近百年来最好的发展时期。全国人大八届四次会议批准的下一个15年发展纲要，是我们跨世纪的指路明灯，全国人民在党中央的领导下，奋发努力，祖国将发生巨大的进步。

中国经历了几十年的磨难，努力寻找中国富强的道路。在邓小平中国特色社会主义理论的指导下，已从过去的“中国马克思主义”化，转变成现在的“马克思主义中国化”。华为的体制、机制，是完全符合这种思想的，是符合小平同志三个有利于原则的。华为的体制、机制，中央首长视察后，都给予了肯定。李铁映同志说：“这是社会主义制度下，产生的新生事物，是资本主义国家不具有的。”8年华为的实践也证明了这一点，它有利于团结越来越多的志士仁人一同奋斗。在21世纪初，我们公司2万多员工，如果实现内耗小，活力大，那么我们就有非常强大的竞争实力。如果我们的管理改革，真能在10年内全面国际接轨，这种潜力的巨大是令人鼓舞的。碳元素平行排列，可以构成石墨，非常松软；而若三角形排列，则可以构成金刚石，异常坚硬。为了建成这样一种人才和资源的配置结构，我们需要更多的富有自我牺牲精神的干部。他们的实践是我们的榜样，他们言行所产生的榜样力量是无穷的，他们的精神像火凤凰一样永放光芒。

任正非在研委会会议、市场三季度例会上的讲话

跟大家讲话，总的精神是怎样客观正确看待现在的困难，我们怎么度过困难时期。近期孙总在欧美与业界主要公司的最高层领导人进行了深入交流，大家对未来的形势形成了很多共识。应该说我们公司对未来的估计和判断与国际大公司的估计和判断是接近一致的，这样有助于我们树立信心，进而制定正确的策略。

一、现在的困难是全行业的，核心团队要预见到未来形势的严峻性，要正确认识、掌握和驾驭客观规律

最近，研发的一些部门提出士气问题，市场部门也有人提出大家有劲使不出来。我们怎么看这个问题？士气在什么时候应该好？如果士气在市场大发展、红红火火的时候才好，艰难困苦时候就不好，那么谁来完成从艰难困苦到大发展的准备？我个人的看法是，越在最艰难、越在最困苦

的时候，越能磨炼人的意志，越能检验人的道德与良知，越能锻炼人和提高人的技能，也越是我们的队伍建设最重要的时候。检验一个公司或部门是否具备良好的企业文化与组织氛围，不是在企业一帆风顺的时候，而是在遇到困难和挫折的时候，古人讲患难知人心，就是这个道理。

大家一定要充分认识到客观规律不是随人的意志而转移的。现在是一个前所未有的困难时期，但这个困难不是华为公司一家的，这是全行业的困难，是全球的IT业的冬天，包括国内外的运营商、设备商，所有的都包含进去了，可以说无一幸免。当然，华为只能讲自己的冬天，我们更多地讲自己存在的问题，因为我们是行业中的一部分，行业的大环境我们改变不了。我们没有资格对别人指手画脚，我们要集中精力把我们自己的事情办好。

那么，这场困难是如何造成的？实际上是美国的新经济炒得太热而造成的。大家想想当时的情况，那时好像钢铁玩完了，汽车玩完了，什么都玩完了，只有搞信息才赚钱，触网即“发”，无“网”不胜。所有的上市公司，不管是卖鸡蛋的还是卖鸭蛋的，只要有一个“.com”，几百亿、几千亿元就圈进来了。我当时就认为这是极不正常的，道理很简单，也很朴素：人们不能吃信息，穿信息，住信息。粮食不要了，房子不要了，汽车不要了，然后人们就富裕起来了，怎么可能？因此，在新经济理论虚拟财富的推动下，人们非理智的追捧，制造了整个世界对网络企业的大泡沫。

戈尔以他高度的智慧与概括能力把多媒体通信简单地归纳成为信息高速公路，这种简单的归纳使全世界所有的政府和人们清晰地理解了网络经济，把网络经济迅速地普及到大众，于是网络经济走下神坛，由精英经济，变成了大众经济。而先行的网络公司股价暴涨，又确实让人看见了财富。在示范效应下，大规模的投入就开始了，持续了十几年的繁荣，这种浪涌式的投资过剩大大超过需求，供求失衡的结果，产生了管涌和坍塌，最终因无力支撑而衰落下来。由于这种思想的推动和群体的无意识，大家对未来的估计过于美好。这实际上背离了社会发展的自然规律，也背离了企业生存发展的基本规律。

信息产业为什么最后会造成困难？因为消费者对信息需求是有限的，人只有一双眼睛，一天只有短短的24个小时，而信息资源是无限的。需求的有限性和供给的无限性，是信息产业致命的软肋，只要这个矛盾存在，信息产业的冬天就迟早会到来，冬天是必然的。

大家想想，光纤与芯片的原材料是河沙中提炼的硅。光纤与芯片的原材料资源是取之不尽、用之不竭的，大家都拼命地投资，就形成生产供给过剩。这种需求有限而生产过剩累积，必然导致行业的坍塌和困难，于是造成了今天的过剩和行业的困难。

网络经济与传统经济的区别集中表现在供求关系上，前者矛盾的主要方面是有效需求不足，后者矛盾的主要方面是有效供给不足。而解决供给问题要比解决需求问题简单得多。在传统产业中，需求是无限的，资源是有限的，传统产业的宏观调控只要控制资源就可以了。比如你已经有了一个奔驰，再给一个宝马要不要？你可能还要。这就是对传统财富的需求是无限的，但是我们的资源是有限的，地下的石油就这么多，如果我们把中东的阀门关了，你们家的宝马车只能用来养鸡。

传统经济的调节是通过调节资源来完成的，而信息产业中谁也控制不了资源，在我们的产业环境中根本就没有可调控的手段，因此在这个环境中出现生产过剩以后，坍塌是必然的。更可怕的是，尽管过剩了，还不断地有新公司产生，IT专业和非IT专业的新人还不断涌入到行业中，大量的资源还源源不断地投入这个领域，这种“前仆后继”，使过剩还要过剩。全世界有相当多的国家还没有认识到这一点危机，还源源不断地把资源大规模投入进去，因此过剩经济还将继续过剩。去年大家对IT冬天的理解还是指库存，现在库存消化得差不多了，但市场并没有好转，所以我们要充分预见到未来形势的严峻性。

把泡沫炒大了，各种资源全部涌到IT行业来，这些都是人非理智的行为。为什么说冬天是客观规律？首先，尽管是人的行为，但是因为我们不可能劝谁退出去，包括劝自己，因此，也成了客观规律。现IT行业的人收入待遇高所以好像IT行业的利润很大，所有的资金都蜂拥到这里。人才、资金都跑到这里来了以后，结果传统产业既缺少人才，又缺乏资金。我们的IT行业的成长是基于传统财富增长以后人们对生活的要求而发展，这其中包括对信息的要求。因此，IT行业把大量人才和资金吸收进来以后，使传统产业的发展减慢。其次，所有的人吸收进来以后，大家都在这里相互竞争，使得过剩的市场更加过剩，价格体系还会进一步坍塌，最后经济周期的发展规律促使自然形成综合的宏观平衡。

最近，和一些美国的朋友交流比较多。他们对新经济的想法和反映，可以说是十分担心，美国经济现在很低落，10年内硅谷难以振兴。硅谷这次受到的打击是惨重的，"尸横遍野"，至少有几千亿元的风险投资瘫死，美国大公司的破产才刚刚露出冰山一角。

那么，美国处于极度困难的情况下，中国能不能一枝独秀？答案是否定的。

第一点，中国的运营商不会花很多钱来购买设备。中国的电信运营商开放竞争后，只要国家放开价格管制，他们的竞争很快会打到成本价。那么，打到成本价的公司，谁会用高价钱来购买我们的设备？其他网络商也是遍体鳞伤，他们不亏损，也是处在很低的利润水平，他们绝对不会用更多的钱来购买东西。当然，我们的客户回归理性对我们有一定好处，因为华为处在一个产品质量、服务、价格都有相对优势的地位。

第二点，我们不能奢望中国企业全面、迅速和整体的信息化。从理论上看信息化很简单，事实上很困难，难在商业模型的数字化，我们公司真正走了七八年了，投入了数百人，才达到现在的状况。我们走的道路如此艰难，中国的企业随随便便装几个路由器就是信息化了？如果信息化并没有使企业竞争力得到提升，他们会很快减慢或退出建设。

把这个问题给大家讲明，并不等于大家就要带着悲观的情绪，认为公司没戏了。如果我们连真实的困难都不知道，就别提战胜困难了。我们需要把困难真实地告诉大家,特别要告诉我们的核心团队,如果我们没有预见未来困难的能力,我们陷入的困境就会更加严重。

有人说华为公司从一个小公司发展到今天的规模,是糊里糊涂、懵里懵懂就走过来了,我接受这种说法。这种说法至少减轻了我们高层领导的压力,不要把我们压得太厉害了,我们也不是先知先觉的,我们也犯过许多错误,包括泡沫化。但是事实上,我们走过了这十年道路,每一次我们看见、预见的困难,我们解决的措施都刚好和时代的发展同步了、同拍了,所以我们取得了成功,才会发展到今天。《基本法》上为什么提出了“三个顺应”?因为我们不能与规律抗衡,我们不能逆潮流而行,只有与潮流同步,才能极大地减少风险。因此,我们过去有能力预测我们的成功和胜利,今天我们有能力预测存在的困难和问题,那么渡过这个难关,我们的条件是比别人优越的、是有信心的。

当前,整个全球经济在经受IT行业的痛苦,我们看清了全球出现一次泡沫化悲剧背后的原因,看清了事物的本质,就能够根据本质的原因调整我们的策略,使我们同步世界的变化,这样我们公司危机就会小一点。

冬天也是可爱的,并不是可恨的。我们如果不经过一个冬天,我们的队伍一直飘飘然,是非常危险的,华为千万不能骄傲。所以,冬天并不可怕。我们是能够度得过去的,今年我们可能利润会下降一点,但不会亏损。与同行业的公司相比,我们的盈利能力是比较强的。我们还要整顿好,迎接未来的发展。

二、这场生死存亡斗争的本质是质量、服务和成本的竞争,要看到我们的成本优势,要善于建立同盟军

虽然摆在我们面前的困难是不能完全回避的,但是要认识到在成本问题上我们还是占了优势,特别是与西方公司相比。首先,我们在研发成本上和国际公司相比我们只有1/3左右,我们现在的泡沫还不是很严重。其次,我们公司现在的成长情况还比较好,所以我们度过困难时期的可能性要比西方公司大,同时也比小公司强。《重新认识九十年代》这篇文章,提

出了一个深刻的问题,讲IT泡沫的钱到哪里去了。20世纪90年代,美国的经济火爆得不得了,股市的几万亿美元一下子就不见了,到哪里去了?经过经济学家的分析,发现美国经济增长带来的财富中,90%作为工薪发掉了,只有10%为资本所得。当市场泡沫很高的时候,经营者错误的估计,把成本提到啤酒线以上。增长的钱被工薪发掉以后,成本(尤其是人力成本)就提高到啤酒线以上,现在要把全美国的工资降到啤酒线以下,很困难。因此美国企业的产品没有成本竞争优势。因为市场泡沫破灭后,市场的价格线已回归到啤酒线,高于啤酒线的成本就是重负。

最近我和哈佛的一个著名教授科特谈话,开玩笑说道:现在美国很多人的贡献比克林顿大得多。因为,100多人的小公司的CEO工资就是克林顿收入的后面加一个零,中型企业的CEO的工资就是克林顿收入后面加两个零,大型企业的CEO的工资就是克林顿收入后面加三个零,难道这么多人的贡献真都比克林顿大?CEO的钱是谁出的?是我们出的,全世界的穷人买美国货而出的。现在穷国与穷人买不起了,美国的价格体系就扭曲了,价值体系的分配就实现不了了,因此美国丧失了竞争力。美国要恢复竞争力,只有减薪,把人力成本普遍降下来,而不是裁员,但这谈何容易,因为薪酬是有刚性的。

困难是客观存在的,在资源和生产过剩的情况下,竞争的要义是什么?就是看谁的质量好、服务好、成本低。这是传统企业竞争中颠扑不破的真理。价格和成本体系问题、优质服务体系问题、质量体系问题,是我们不可动摇、不可回避的三大问题。业界要走进成本竞争,我们应该怎么做?当然,我们决不能为了降低成本而忽略质量,否则那是自杀或杀人。搞死自己是自杀,把大家都搞死了是杀人。

1.我们要积极扩大海外市场。“东方不亮西方亮,黑了北方有南方”,我们扩大海外市场,就可以扩大我们的生存空间,提高我们的生存质量。我们的员工要前仆后继地奔向国际市场、世界各地。特别是发展中国家,经济水平存在严重的不平衡,存在着很多机会,对于这些地区的市场开拓,我还是很有信心的。我们多一些人到海外去，在这些领域内多发展，就解决了我们公司的平衡问题。这样，虽然市场下滑，但是我们合理配置，人均效益会上去。

要特别说明，千万不要把差的人推荐到海外去。千万不要像卸包袱一样地向国外卸，这一点大原则要明确。建议干部部门要建立制度，凡是哪个办事处推荐的员工在海外出问题，推荐他的主任就要给予一定的处分。

2.在国内市场上我们的增长速度可以下滑，但不能低于别人。截至5月底，我们在国内的销售下滑了17%，海外上升210%，5月底之前完成了100多亿元的销售。财务要求市场系统今年一定要完成300亿元的销售。此外还不断要求各部门降低成本，保证今年下半年的赢利。

3.我们要把质量提高，把服务做好，同时把成本降低。大家都认为成本低就是指料本低，其实成本的构成是方方面面的。每一个部门都要冷静反思，过度地降低成本我不赞成，但是不认真研究成本下降我也不接受。比如销售成本，国内一个2000万美元的单，有十几人在围着转，海外一个人手里握着几个2000万美元的单，国内的人力资源是过剩的，我们就要源源不断地强制性地抽优秀员工到海外去。尽管国外的成本和费用比国内的成本高得多，我们还是要源源不断地向海外输送人才。

4.我们还要善于建立同盟军。在目前残酷的竞争环境下，宁亏我们不能亏同盟军，我们亏一点能亏得起，同盟军亏一点就死掉了。我们现在有200多个同盟军，只要他们不做和我们竞争的事情，不伤害我们的利益，我们就要保护同盟军的利益。比如，我们的通信代理口，分销这个口，会出现很大的困难。当价格越来越低，给代理的利益越来越少，你们要研究怎么能保护我们的同盟军，我们期望有一定的同盟军。一旦春天到来，这些同盟军就可以生龙活虎出去抢单，我们就缓过劲来了。

5.适当地和竞争对手开展合作，降低研发成本。孙总上个季度在欧、美会见了业界同业公司的最高层领导，大家讨论了在竞争的基础上，加强彼此间的相互了解和合作问题。为什么不可以和对手公司合作？谁还有本事把价格再涨起来?继续降成本,成本还有哪里可降的?对我们公司,如果我们和对手联合起来搞研发,共同研发一个产品,研发成本降掉一半,我们的成本就降了一半。竞争对手也要手拉手,也要走向合作。因为都要度过这场灾难啊!

三、在市场低迷期间,要加强队伍素质的建设,培育一支迎接未来的铁军

事实上我们公司也存在泡沫化,如果当年我们不去跟随泡沫,当时就会死掉,跟随了泡沫未来可能会死掉。我们消灭泡沫化的措施是什么?就是提高人均效益。

队伍不能闲下来,一闲下来就会生锈,就像不能打仗时才去建设队伍一样,不打仗时也要建设队伍。不能因为现在合同少了,大家就坐在那里等合同,要用创造性的思维方式来加快发展。军队的方式是一日生活制度、一日养成教育,就是要通过平时的训练养成打仗的时候服从命令的习惯和纪律。我们虽然不是军队,但也要有这种日常练兵的教育,越是困难时期,越要锻炼我们的队伍、磨炼我们的队伍。处于市场下滑的时候,我们不加大对队伍的教育、管理和帮助,一旦将来有很多新的机会的时候,我们的员工怎么能雄赳赳、气昂昂地走向新的市场?!

目前,我们的队伍建设就是要加强与客户的沟通,认真听取理解客户需求。生产要上去,干部要下去,可以多配车及其他工具,要全力支持海外市场的发展,研发的产品一定要满足客户的需求。表面上看,我们不去做客户关系,停下来还能省几亿元的费用,动起来还要多花汽油费。但不能这样算成本。军队如果这样算成本,战时就毫无战斗力,都会不堪一击的。没有过去的持续投入,今年海外市场怎么可能有巨额的增长,海外市场给我们在困难时期增加了多大的信心和力量!所以,如何在市场低潮期间培育出一支强劲的队伍来,这是市场系统一个很大的命题。要强化绩效考核管理,实行末位淘汰,裁掉后进员工,激活整个队伍。

我们贯彻末位淘汰制,只裁掉落后的人,裁掉那些不努力工作的员工

或不胜任工作的员工。我们没有大的结构性裁员的计划，我们的财务状况也没到这一步。和竞争对手比起来，我们的现金流还是比较好的，可以支持我们在冬天的竞争。

实行末位淘汰走掉一些落后的员工也有利于保护优秀的员工，我们要激活整个组织。大家都说美国的将军很年轻，其实了解西点的军官培训体系和军衔的晋升制度就会知道，通往将军之路，就是艰难困苦之路，西点军校就是坚定不移地贯彻末位淘汰制度。

有人问，末位淘汰制实行到什么时候为止？借用GE的一句话来说是，末位淘汰是永不停止的，只有淘汰不优秀的员工，才能把整个组织激活。GE 活了 100 多年的长寿秘诀就是“活力曲线”，活力曲线其实就是一条强制淘汰曲线，用韦尔奇的话讲，活力曲线能够使一个大公司时刻保持着小公司的活力。GE 活到今天得益于这个方法，我们公司在这个问题上也不是一个三五年的短期行为。但我们也不会急于草草率率对人评价不负责任，这个事要耐着性子做。

我认为冬天对我们来说不一定是坏事，因为我们没有走到恶性化的边缘。正好，这使我们冷静下来，好好调整我们的队伍，调整我们的结构，抓住这个提高人均效益的好机会，确保冬天过去，春天到来时，我们的组织结构和战略队形保持不乱。

所以，虽然受行业环境影响，整个市场销售下滑，但队伍的士气不能衰退，还要雄赳赳、气昂昂地奔赴前线，越在困难时越要看到光明的前途。如果大家把今天的困难都看成是很大的困难，那红军在长征中怎么会想到未来会胜利？在卫国战争中，卓娅和舒拉被德军包围的情况下还能想到胜利？

克劳塞维茨《战争论》中有一句很著名的话：要在茫茫的黑暗中，发出生命的微光，带领着队伍走向胜利。战争打到一塌糊涂的时候，高级将领的作用是什么？就是要在看不清的茫茫黑暗中，用自己发出微光，带着你的队伍前进；就像希腊神话中的丹科一样把心拿出来燃烧，照亮后人前进的道路一样。越是在困难的时候，我们的高级干部就越是要在黑暗中发出生命的微光，发挥主观能动性，鼓舞起队伍必胜的信心，引导队伍走向胜利。所有的领导们一定要像丹科一样，一定要像克劳塞维茨所形容的高级将领那样，在茫茫的黑暗中，鼓舞精神，激励斗志。大家鼓舞士气，高唱着歌向前，最后活下来的可能就是华为。克劳塞维茨的这句话对我个人的鼓舞是非常大的。大家都知道，在"文化大革命"中，我个人受到的挫折比别人大得多，根本就看不清楚未来的前途，也看不清楚光明……不管是来自家庭的影响，还是个人的努力奋斗，还是来自社会的影响。但是，那个时候我是靠自己把电子计算机、数字技术、自动控制等自学完的，虽然我那时看不到任何光明。我家人也开玩笑说，没什么用的东西也这么努力学，真是很佩服、感动。由于结交了一些西安交大的老师，这些老师经常给我一些油印的书看。我也是在那个时代熬出来的，如果我没有在那个时代看到光明，荒废了那个时代，我就不可能在今天这个时代站起来。所以，正因为我们对未来的胜利有一定的信心和把握，我们才敢把谜底讲穿。目的是希望通过这一轮艰难困苦，锻炼培养一批好干部。面对这场艰难困苦的斗争，我们的高级干部一定要振奋起来，不要有太多的悲观情绪。如果说有悲观的情况，你也不会有地方可去，这个行业处处都是悲观，不可能有乐观。如果换一个小公司，那么你面临的苦难会更多而不是更少。

大家要认识到，谁能不犯错误？在历史长河中要做一个高风亮节、纯洁无瑕的人只有屈原！屈原跳了汨罗江。没有一个人是一贯正确的，不要为过去的一些小事而伤感，不要有思想包袱。历史是大浪淘沙的长河，过去的历史就是历史，以后的未来就是未来，不要把历史和未来纠缠到一起。不要背上曾有错误的包袱，要放下包袱开动机器，把队伍团结起来，通过各体系的核心团队完成对上万个研发员工、市场人员和其他部门员工的团结。而且，核心团队一定要做个表率。

我们必胜的信心就是紧紧地把市场握在我们手里！

四、市场体系要重视普遍客户关系的建立，要有长远眼光

1.市场体系要建立不管国内还是国外，每一个客户经理、产品经理每周要与客户保持不少于5次的沟通的制度，当然，还要注意有效提高沟通的质量。我们一再告诫大家，要重视与普遍客户关系，这也是我们的一个竞争优势。普遍客户关系这个问题，是对所有部门的要求。坚持普遍客户原则就是见谁都好，不要认为对方仅是局方的一个运维工程师就不作维护、介绍产品，这也是一票呀。一定要加强普遍的客户沟通，要把普遍沟通的制度建立起来，沟通不够怎么办？就降职、降薪。沟通做不了的员工要慢慢淘汰掉。有些人是性格问题不能沟通，就转到别的岗位上去。有人说省局见不到，到县局去总可以吧。有人说到县局多花汽油费，我们宁可多花汽油费，也不能停下来，也要沟通。我们建立了到县局沟通的制度，我们一定要执行下去。新员工找不到地方磨枪，就到县局去，他不到县局去，怎么能找到什么地方磨枪啊？他不磨枪就是锈枪，以后怎么能用啊！不要认为我们要讲节约，不下去跑能省钱。讲节约是讲不需要浪费的地方的节约，不该省的费用就不能省。有人满肚子学问讲不出来，在华为公司就是没学问，学问必须要卖出去才能是钱。作为一个产品经理、客户经理，不能装一肚子学问却见不得客人，必须要通过交流来巩固加深客户对我们的认识。在海外，生产要上去，干部要下去，要多配车，一定要跑起来。员工不要自己开车，多雇一个司机，当地语言又熟悉，还作为半个保镖，解决安全问题。

2.对研发所有的副总裁级人员也要建立每周有几次见客人的制度。研发副总裁的人员名单要报到客户群管理部，客户群管理部要把对他们的考核交到研发干部部。他们每周也要见几次客人，次数由你们定。坚持与客户进行交流，听一听客户的心声，我们就能了解客户好多想法。我们今天之所以有进步，就是客户教我们的嘛。不断地与客户进行沟通，就是让客户不断帮助我们进步。如果嘴上讲365天都想着产品、想着市场，实际上连市场人员、客户的名字和电话号码都记不住，还有什么用？华为生存下

来的理由是为了客户。全公司从上到下都要围绕客户转。我们说客户是华为之魂，而不是一两个高层领导，建立客户价值观，就是围绕着客户转，转着转着就实现了流程化、制度化，公司就实现无为而治了。所以，普遍的客户关系要推广。

3.要特别注意有策略地处理好运营商之间的相互关系，逐步培养与运营商的伙伴关系。

在海外，人口在1000万以下的小国，运营商多，而总容量很有限，我们要策略性选择战略伙伴，与战略伙伴结成特殊关系，通过个性化的解决方案等促使其高速成长。当然这其中也会有矛盾，但是，我们不要到处撒胡椒面，一定要区别对待。这次电信网络的宽带泡沫，对拉美运营商的打击很大。小公司和大公司拼抢市场，大公司就“围剿”小公司，大公司采用的设备也是美国新兴设备制造商供应的，当IT泡沫消失后，小公司由于现金流中断而死掉了，但是大公司也输了，因为网上设备要全部撤掉，因为新兴设备制造商也死了，无法维护。这使得各国运营商在选择伙伴时，不是选择价格，而是看这个公司能不能持续发展。我们最近有一本从西班牙电信拿来的翻译资料，应该发给大家看一看。通过这本书，可以看看海外电信公司是怎么评价标书的。我们认为他们很科学、很规范，国外市场是拒绝机会主义。我们和国内运营商之间也要逐步组建伙伴关系，无论是电信、联通、移动、铁通、广电，只要我们认为是必要的，我们就要研究如何建立伙伴关系。为什么我们要建立伙伴关系？就是目前运营商的状况不太好，利润少了。虽然目前中国移动的利润很多，这是短暂的。只要价格一开放，很快降到最低值。他们买什么？有人说选价格最低的东西买。前几年，谁的价格高就买谁的东西，那是运营商不成熟。应该看到，运营商在逐渐成熟、规范。

五、研发体系的战略队形和组织结构要随着环境变化进行调整和变化，不要僵化、教条，研发的价值评价体系要均衡

打仗的队形是可以变换的。原来我们往核心收得太厉害了，这样我

们的技术进步快了，而市场就弱了一点。现在市场变化了，客户需求也变化了，我们可以扁平一点。在攻克新技术时，使队形变得尖一些，增大压强，以期通过新技术获得多一些的市场。当新技术的引导作用减弱的时候，我们要使队形扁平化一些，多做一些有客户现实需求但技术不一定很难的产品。当年的抗大校训就是“坚定不移的政治方向，艰苦朴素的工作作风，灵活机动的战略战术”，我们既要有坚定不移的方向，又不能过分教条，战略队形和组织结构要随着环境变化进行调整和变化。比如，一讲到宽带，大家就说一定要可运营可管理，就要打倒 CISCO，我们是否也可以举起右手支持 CISCO，赚拥护 CISCO 的客户的钱。举起左手也可以做可运营可管理，赚反对 CISCO 客户的钱。在工作中不能强调一边就忽略另一边，不能走极端。眼前我们的问题是利润不够，所以要做些小盒子到各地抢粮食去。所以队形要根据市场进行变化，不能僵化和教条，要有灵活机动的战略战术，我们的宗旨就是活下去。研发对结构继续进行改革是允许的，不能把所有的东西都搞成僵化不变的。我们整个体系还没有完全按 IPD 运作，会存在流程不畅的问题。流程打通是迫在眉睫的，怎样打通全流程，希望每个 PL—IPMT（产品线）提一个小组名单，组成跨部门的小组，先把市场、用服、研发打通，然后再把生产、采购捆进来，共同整改流程打通问题，简化程序。成立这个跨部门小组，这个小组就代表公司，有决定权，统管所有的流程。当然，这个小组主要是理顺产品线全流程，并不是多了一层机构。压强原则和组织结构的方向是一致的。当我们的形势变化了，我们一定要及时调整组织结构，如果死抱着一定要做世界上最先进的产品的理想，我们就饿死了，成为凡·高的“向日葵”。我们的结构调整要完全以商业为导向，而不能以技术为导向，在评价体系中同样一定要以商业为导向。

研发的评价体系要均衡，在研发体系不存在谁养谁的问题。今年我们的智能网拿到国家进步一等奖，我们其他的项目如果拿去评奖也都能得奖。所以，可以以产品线实施管理，但是要防止公司出现分离。国内的一些友商为什么做不过我们，因为他们是按项目进行核算，部门之间互不往来，如果他们能够集中精力，在一两个产品上超过我们是可能的。

所以，产品线还是要考核和核算，但不要说哪个产品赚钱，哪个产品不赚钱，赚钱的就趾高气扬，不赚钱的就垂头丧气，这样，公司很快就崩溃了。就像N公司的例子，几年前我去N公司时，请了手机部经理、基站部经理和系统部经理来交流，手机部经理就趾高气扬的，基站经理也神采奕奕的，系统部经理就垂头丧气的，就是因为他们实行产品线考核，结果这样他们的核心网和光网络就垮掉了。我们不能这样考核，今天是你贡献，明天是他贡献，大家都在贡献，我们要这样考核。

公司对于整个研发流程的考核，一是考潜力的增长，二是考对公司的贡献。潜力的增长是对未来的贡献，现在的贡献就是收益，对整个大团队（TEAM）的考核必须兼顾到这两方面。对每条产品线的考核是你们来考虑，不要太偏重利润率，要明确公司给你的目标是什么，给你什么样的资源，要围绕目标来考核。如果说光网络今天不赚钱了，不要光网络了，结果也无法使交换机进步。公司连续十年画一个大饼给你，要保证十年这个大饼都是存在的。我们要做均衡发展，今天不赚钱的项目也要加大投入，今天赚钱的项目要加大奉献。我们希望长远地生存下去，短期生存下去对我们来说是没有问题，因此，评价要从长远角度来考虑。

对大TEAM的考核一段时间内要目光短一些，多强调一点奉献；一段时间要强调潜力增长，眼光要远大一些，交叉地使用标准。一定不要认死理，不然要不了几年土壤就板结了。这就是要根据外部形势来调整大TEAM的队形。为什么我们设计虚拟利润目标，就是说效益也是可以用虚拟的方式计算的。

如果研发系统真正做到了人尽其用，的确需要进人是可以给一些指标的。但是，现在还有一部分人工作量不饱满的情况，这些人在公司找不到感觉也会走的。我们存在加班加点的原因主要是管理的不善。管理需要一系列的制度、方法、规划才能实现，是一门艺术。高层管理者可以袖子长一点，但在管理中注意适当授权，一层一层地放松一点，这样，每一层都能找到工作量。对研发人员要强调项目目标的考核和工作目标的考核，经理对员工的考核不能简单化，工作时间投入只能做参考。不要仅凭加班来评价职工的优劣。

研发系统要培训一批团队领导，把管理的TEAM划小，建立不同建制的团队，这些团队能够整建制调动，打仗时需要多少个团队就加多少个团队上去，管理难度也就降下来了。现在研发的规模大，如果组织的规划没有做好，作战就没有方向。总监可以多一些，总监也可以是技术专家的一个代名词。

另外，干部注意不要把做基础工作的人忽略了。也要注意用好技术体系的女同志，女同志有自己的特点，在质量、版本管理等方面有自己的优势。

六、研发体系怎样提高效率，怎样做好研发规划

效率不高与IPD的磨合阶段有很大关系，实际上我们现在是双轨制，是并排做双重的事情，一个是按现在的管理体系做，一个是因为流程打不通，老的方法也在做，这是一种浪费，到第二年的2月份出台整改的程序后，效率会有10%—20%的提高。

为什么研发规划做不好，就是因为没有民主作风，不允许大家发言。在研发系统的总体办中可以组成一个“红军”和一个“蓝军”，“红军”和“蓝军”两个队伍同时干，“蓝军”要想尽办法打倒“红军”，千方百计地钻他的空子，挑他的毛病。“红军”的司令官以后也可以从“蓝军”的队伍中产生。“蓝军”拼命攻“红军”，拼命找“红军”的毛病，过一段时间把原来“蓝军”中的战士调到“红军”中做团长。有些人特别有逆向思维，挑毛病特别厉害，就把他培养成为“蓝军”司令，“蓝军”的司令可以是长期固定的，“蓝军”的战士是流动的。每个产品线都应该增加一个标准队伍、一个总体队伍、一个蓝军队伍。不要怕有人反对，有人反对是好事，不是坏事，这会改变我们的惯性思维，打破我们的路径依赖。

举这个例子，是要说在总体方案的设计过程中首先要有比较多的民主

作风,把大家的意见进行归纳总结,得出正确的东西,把正确的东西再进行讨论。这点,要向印度人学习,印度人做事虽然慢,反反复复讨论方案,但方案讨论好后再干活,避免了返工。而我们是先干,干得不对再改,加班加点地改,这样浪费就非常多。

另外,要组织一些跨部门的小团队到美国去收购一些小公司,到各大地区部搞客户需求调研,量身定制,提高研发规划的准确性。也可以在美国招聘一些人搞芯片设计,在美国搞芯片并不是让大家移民到美国去,而是要在美国本土招当地人员扩大芯片队伍。

研发要广开言路,要从高层着手。错误不算什么,谁能不犯错误,没有人是一贯正确的,有错误的人经过改正以后还是可以提起来的,不要把人看成完人。目标才是重要的,大家不要有那么多自尊心,不要太看重面子。在华为犯错最多的是我,我也是在错误中站起来的。我没有头脑发热过,没有决策失误过?天知道。不过大家是为维护领导人的威信,给点面子罢了,我自己心知肚明。

七、胜利的曙光就是活下来

华为公司经过10年的奋斗,同步了时代的机遇,抢在这个之前完成了这个循环。这个循环的中央只有两个字:“诚信”。华为这十几年来铸造的就是这两个字:诚信。对客户的诚信,对社会、政府的诚信,对员工的诚信。只要我们坚持下去,这种诚信创造的价值是取之不尽、用之不竭的,要认识到我们花掉的很多钱是要形成未来的财富。我们经过十年的时间,花大量的金钱和精力,在市场上塑造了两个字:“诚信”,这是我们的立身之本,是我们的核心竞争力,这是华为公司对外的所有形象,这个无形资产是会给我们源源不断带来财富的。我们好不容易扩到现在这个规模,经过了这样一个循环,而且已经基本完成了内部磨合,形成能够运作的体系,内部的人事关系基本平稳了,这些是难得的宝贵财富。

大量的无形资产在组合中才能发挥作用,对我们的企业来说,只要我们的结构不散,组织不垮,前面烧掉的钱就会变成所有后来的无形财富,这些都是我们的增值财富。现在,我们正处在一个好的时机,我们要享受以前投资增值,要团结起来使这个队伍不要散掉。只要我们团结起来,共同奋斗,就没有过不去的坎。很多公司现在热血沸腾,还要准备做第二个思科。我认为没有那个时代了,一个时代一个模式,过去的时代未必会重演。热血沸腾能做什么事?静下心来踏踏实实做事才有收获。

胜利的曙光是什么?胜利的曙光就是活下来,哪怕瘦一点,只要不得肝硬化、不得癌症,只要我们能活下来,我们就是胜利者。冬天的寒冷,也是社会净化的过程,大家想要躲掉这场社会的净化,是没有可能的!因为资源只有经过重新的配置,才可能解决市场过剩的冲突问题。

在度过这个最困难时期,转变使我们自己能够有利于迎接困难这方面,大家都有共同清楚的认识,要一起来想办法。公司现在有很多的措施,大家也都来想更多的措施。每个人都要围绕着自己的工作多想措施,想出新的机会点来,想怎么降低成本、想怎么提高服务……一定要动脑子去想,市场是不相信眼泪的,淘汰机制是十分残酷的。

我们公司能不能活下来?最近西方有许多理论认为中国的经济是假的,数字是编造的,从过去的"中国威胁论",转向"中国崩溃论"。实际上,从中国的竞争力来看,从家电行业来看,中国的市场全是价格战,价格战的核心是向全世界展示了中国会有长远的时间进行低成本,是有极强的竞争力的,但是中国需要高质量。如果没有高质量的低成本,这个低成本是没有价值的。所以,中国的高质量、低成本是有社会基础的。因此,我们公司的质量好、服务好、价格低,和西方公司相比是有优势的,只要我们努力,我们想象的目标和理想是会实现的。

我们是世界上活得较好的公司之一,我们活得好是我们有本事吗?我认为不是,是我们的每一个发展阶段、每一项策略都刚好和世界的潮流合拍了。对未来,我们认为信息经济不可能再回复到狂热的年代。因此,信息产业只能重新走到传统产业的道路上来了,它不会长期是一个新兴产业。信息产业由于技术越来越简单,技术领先产生市场优势不再存在,反过来是客户关系和客户需求。市场部、研发部、公司的各部门都要认识到这一点，大家要团结起来一起为公司的生存而奋斗。